문명인의 부적符籍

현 대 수 필 가 1 0 0 인 선 · 5 2

문명인의 부적符籍

홍혜랑 수필선

좋은수필사

■ 책머리에

수필은 누구나 부담 없이 읽고, 마음만 먹으면 직접 쓸 수도 있는 가장 친근한 문학이다. 다른 영역의 문학이 영상매체에 밀려 신음하고 있는 중에도 수필 인구만은 날로 증가하여 바야흐로 수필 전성시대를 구가하고 있는 이유도 거기에 있을 것이다.

시대적 추세에 힘입어 수많은 수필전문지, 수필동인지가 창간되고, 이에 비례하여 신진 수필가도 날로 늘어나다 보니 이제는 그 많은 작가, 그 많은 작품 중에서 문학성 높은 작품을 가려 읽는 일이 쉽지 않게 되었다. 이런 현상은 작가에게나 독자에게나 결코 바람직한 일이 아니다. 더 나아가서는 수필을 연구하는 후세들에게도 큰 부담이 될 것이다.

이런 문제를 해결하는 데는 출판인도 마땅히 한몫을 감당해야 한다는 평소의 소신에 따라, 본사가 기꺼이 그 역할을 맡기로 했다. 그 첫 번째 사업으로 시대를 대표할 만한 수필가 100인을 선정하고, 작가가 자선한 40편 내외의 작품을 수록한 문고본을 발간하여 이를 널리 보급함으로써 그 소임을 다하고자 한다.

본사는 사명감을 가지고 이 사업을 추진해 나가기로 했다. 작가 선정을 전담할 편집위원회를 구성하고 전권을 위임하여 일체의 사적인 정실이나 청탁을 배제함으로써 전문성과 공정성을 확보해 나갈 것이다.

따라서 이 기획물 속에는 작가의 문학정신뿐만 아니라, 본사의 문학사적 기여 의지와 편집위원 제위의 수필문학에 대한 애정과 문인으로서의 양심이 함께 담겨 있음을 자부한다. 다만, 작가를 선정하는 기준에는 많은 견해의 차이가 있을 수 있고, 선정 과정에서도 미처 챙기지 못한 부분이 있을 것이라는 사실만은 인정하지 않을 수 없다. 이 점에 대해서는 관계자 여러분의 양해 있으시기 바란다.

이 시리즈의 발간 순서는 작가, 또는 본사의 사정에 의한 것일 뿐 그밖의 어떤 기준도 적용하지 않았음을 밝힌다.

본 기획물이 시대를 초월한 많은 수필 애호가들의 관심과 애정 속에 우리나라 수필문학 발전에 한 이정표가 되기를 바랄 뿐이다.

2009년 4월

좋은수필 발행인 서 정 환
현대수필가 100인선 간행 편집위원 박 재 식 최 병 호
정 진 권 강 호 형
변 해 명

1_부

2_부

3_부

4_부

1부

우주의 환영幻影

매주 목요일 오후면 나는 조선일보사의 윤전실에서 서성였다. 편집이 끝난 학교신문이 조판과 인쇄로 들어가는 날이다.

다다닥 다다닥 윤전기 돌아가는 소리는 떡 방앗간의 피댓줄 소리만큼 시끄럽다. 하지만 일 주일 동안 학교 신문을 만드느라 강의도 빠지면서 뛰어다니던 우리들 풋내기 기자들에겐 윤전기 소리는 단순한 기계의 소음이 아니었다. 도자기를 만드는 도공은 혼신을 다해 작품을 빚은 후 가마에 넣고 불을 지핀다. 활활 장작 타는 소리는 도공에겐 그냥 나무 타는 소리가 아니라, 작품의 마지막 완성을 위해서 시간이 자기 몸을 태우는 소리다.

최선을 다하고 가마 앞에 앉아 때를 기다리는 도공들처럼, 우리들 아마추어 신문쟁이들도 윤전기 앞에서 신문 나오기를 그렇게 침묵으로 기다리고 있었다. 윤전기에서 맨 처음 신문이 흘러나오기가 무섭게 저마다 한 장씩 집어들고 자신이 맡은 지면의 완성된 얼굴을 만난다. 모든 원고가 OK교정 때까지 서너 번 내 눈을 거쳐 갔으니 윤전기 앞에서는 더 이상 작은 오자誤字에 촉각을 곤두세우지 않아도 된다. 지면 전체를 훑어보니 내가 맡은 문화면도 그런대로 애쓴 보람이 있었다. 무엇보다도 맨 위에 가로로 편집한 지훈芝薰 선생님의 연두시年頭詩가 환하게 돋보였다. 이번 호는 신년 특집호였다. 4·19혁명의 파도가 아직도 거리에서 출렁이던 1961년 새해였다. 특집 기념으로 문과대학의 조동탁趙東卓 선생님께 연두시를 청탁드렸었다. 선생님의 작품 앞에는 언제나 지훈이라는 필명이 따라다녔다.

신문은 거의 인쇄가 끝나가고 있었다. 전교생의 숫자가 지금의 십분의 일 정도였으니 신문을 인쇄하는 시간도 그리 오래 걸리지 않았다. 윤전기 옆에서 신문을 읽던 나는 어느 순간 소리도 내지 못하고 경악했다. 갑자기 주먹만 한 오자가 산사태로 내리구르는 바위처럼 내 눈을 덮쳤다. 연두시의 작가 이름은 활자 크기가 한껏 키워져 있었다. 그런데 이럴 수가. 지훈芝薰이 지당芝黨으로 뒤바뀐 주먹만 한 오자가 왜 이제야 눈에 띈단 말인가. 수없이 거듭되던 교정 작업에서 나는 무얼 했단 말인가. 작은 활자에만 매달리느라 큰 활자를 비켜간 것일까. 그랬을 것이다. 작은 것에 얽매어 큰 것을 놓치는 어리석음은 그 이후로도 평생을 사는 동안 수도 없이 반복되었으니까.

활자를 뽑아 심던 식자공植字工은 대체 시인 조지훈도 모른단 말인가. 내용에 마음씀 없이 기계적으로 활자를 다루는 그들에게 당치 않은 원망인 줄 알면서도, 활자를 잘못 뽑은 그들이 나는 너무 야속했다.

어찌할 것인가. 높으신 스승께 지울 수 없는 민망스러움을 안겨드린 견딜 수 없는 이 실수를. 지금보다 몇 배나 종이가 귀하던 그 때 신문을 다시 찍을 수는 없는 노릇. '芝薰' 이라는 오자는 그대로 역사의 수레에 실려 내 손을 떠나고 말았다. 일을 저지른 죄인은 차마 선생님 앞에 나타날 수 없고, 죄 없는 편집국장 선배가 선생님을 찾아뵙고 백배 사죄하러 나섰다. 그런데 이튿날 신문을 들고 성북동 지훈 선생님 댁을 다녀온 선배는 가기 전의 옹색하던 모습과는 딴 얼굴로 돌아왔다. 정작 선생님을 방문했던 용건을 잊어버리고 온 사람 같았다. 나는 그저 다행이라고 생각했을 뿐, 내가 받은 '면죄부' 속에 들어있는 선생님의 정신세계엔 관심이 없었다.

지훈 선생님을 처음 뵌 것은 1학년 교양국어 시간이었다. 여고시절 교과서에서 낯익힌 〈승무僧舞〉를 떠올리며 강의실을 찾았다. 후리후리하고 준수한 외모, 열변이 아니면서도 교실을 압도하는 바리톤 음성, 창백한 얼굴을 반쯤 덮고 있는 굵은 검은 테 안경. 스며 나오는 거인적 풍모는 어딘지 〈승무〉에서 느끼던 적요寂寥한 소승적 이미지가 아니었다. 법대생이던 나는 선생님의 교양국어를 아쉽게도 한 학기의 학점으로 마쳐야 했다. 그 후 학교신문사에 입사하면서 기자의 신분으로 선생님을 몇 번 더 뵌 것이 전부였다. 선생님은 그로부터 겨우 6년을 더 이승에 머물다가 애석하게도 48년 간의 짧디 짧은 생애를 마치셨다.

내가 진실로 선생님의 내면을 만나게 된 것은 그로부터 오랜 세월이 흐른 후 지명知命의 나이가 훌쩍 넘어 수필문학과의 만남이 이루어진 후였다. 선생님의 수필 중에 이런 대목이 있다.

> "지구가 태양의 둘레를 한 바퀴 도는 것을 1년이라고 한다지만 그 1년의 첫 날이야 누가 아는가. 삼백예순 날의 어느 날이 첫 날 아닌 날이 있는가. 그것은 사람이 작정하고 이름 짓는 데에 매일 따름이다. 아닌 게 아니라 고대의 중국사를 보면 왕조가 바뀔 때마다 정월이 달라졌었다. … 천체의 운행은 만고에 변함이 없는데 날과 달의 이름이나 한 해의 수미首尾만이 변하는 것이다. 이게 모두 사람의 행위다." −〈원단 유감元旦 有感〉

이름을 지어놓고 스스로 이름에 얽매이는 인간의 어리석음이 어찌 이뿐일까. 그러나 만고에 변함없는 '처음'의 세계에조차도 우리는 실상實相, 혼돈, 로고스 등 무엇이라고 이름을 붙여야 소통의 길로 접어들 수 있다. 문학이 밤새워 피 말리며 찾고 있는 언어도 결국 창조 때의 이름 없는 인간이 어떤 존재였는지 그 처음 모습을 알고 싶어서일 게다. 그런데 이상하지 않은가. 이름 없는 태초의 '나'를 향해 매진하는 동안도 반쯤의 무의식 속에선 세상이 혹시 내 이름을 불러주지 않나 한쪽 귀를 열어놓고 있으니 말이다.

동물이 정글에서 먹이를 구하듯, 인간도 세상에서 쥐꼬리만 한 이름값을 얻기 위해 동분서주 그렇게 질주하고 있는지 모른다. 익명匿名을 원하는 사람도 내심으로는 하느님이 알아주든, 익명을 선택한 자신의 인격이 알아주든 누구라도 알아주기를 바라고 있을 것이다. 어쩌면 허명虛名에 집착하는 세상과 선을 긋고, 익명이라는 차별성의 명예를 숨어서 즐기고 있지 않을까. 익명도 무명無名도 모두 이름이 있고서야 붙여진 별명일 뿐이다.

이름이 있기 전 인간의 처음 모습에 지훈 선생님은 아주 일찍부터 천착했던 것 같다. 나이 약관 때 당신의 사진 뒷면에 〈우주의 환영〉이라는 제목 아래 이렇게 써 놓으셨다.

> "하나의 인간이 있으되/ 그는 이름이 없었으나 세상 사람이 짐짓 동탁東卓이라 부르더라./ 이제 그를 모사함은 환영幻影의 환영이라 족히 믿을 것이 없으니/ 이는 사위寫僞이기 때문이다."

주먹만 한 오자로 학교신문을 얼룩지게 한 아둔한 제자는 60이 넘어서야 20대의 스승이 노래한 오도송에 귀 기울이며, 역사에 실려 간 자신의 오류를 다시 꺼낸다. 스승이 남기고 간

무언의 면죄부를 이제야 해독한다. 선생님은 나의 죄를 사면해 주신 것이 아니라 처음부터 사면해야 할 죄를 찾지 못하셨던 것이다.

어차피 이름은 소통을 위해서 붙여진 기호일 뿐이니 이렇게 불러도 저렇게 불러도 존재 자체를 드러내지 못함은 마찬가지다. 명가명 비상명名可名 非常名은 노자老子 혼자만 깨달은 우주철학이 아니었다. 그러기에 선생님은 신문을 들고 사죄하러 간 제자에게 막걸리 잔을 권하며 혁명 후 돌아가는 시국만 한탄하셨을 것이다. 학생들의 4·19혁명을 정치인들은 자기들의 이름 앞에 전리품처럼 달고 다니던 때였다.

그렇더라도 나는 여전히 죄인이다. 학교 신문사를 찾아 그날의 지면을 다시 한 번 들추어 보니 독자를 헷갈리게 한 죄가 활자의 크기만큼 불어난다. 백 년, 오백 년쯤 후 시인 '지당'이 누구냐고 묻는 사람이 없기를 간절히 바랄 뿐이다.

理判事判

산사山寺의 겨울밤을 어찌 어둡다 하리. 하늘에 떠 있는 별들이 선명하면 할수록 더 멀리 느껴지는 건 색다른 체험이었다. 멀리 있을수록 그리움이 더한 것이 어찌 별뿐이리. 고개를 하늘로 젖히니 내 몸이 걷잡을 수 없이 허공으로 빨려 들어간다. 별이 나를 마구 잡아당긴다. 살갗에 닿는 청량한 대기 또한 어둠을 씻을 만큼 상쾌하다. 이 무명無明의 영혼에게도 무언가 좋은 일이 있을 것만 같다. 이번 문화유적 답사팀이 숙소를 호텔이나 콘도 대신 절간의 선방禪房으로 정한 것은 참 잘한 일이다.

별들과의 만남도 소중했지만 잠시 방문한 과객過客들에게 법문을 허락한 주지스님과의 인연이 있어 이번 여행이 더욱 기억에 남아 있는 듯하다. 일행 중에는 나를 포함한 기독교인이 꽤 많았지만 구도자의 덕담을 듣는데 종교의 이름을 문제 삼는 옹졸한 사람은 없었다.

우리 앞에 나타난 주지스님은 중년의 나이에 이지적인 학자의 인상을 풍겼다. 그런데 인상과는 달리 그의 법문은 인간의 형이하학적인 삶의 면면을 담담하게 쏟아냈다. 사심 없는 스님의 고백을 다른 곳이 아닌 선방에 앉아 들을 수 있는 행운이 참으로 흐뭇했다. 도승의 풍자 섞인 자조적 언어에 중생의 웃음소리는 선방의 담을 뛰어넘는다. 아마 이웃 선방에서 용맹정진 수행하고 있을 스님들도 때아닌 나그네들의 웃음소리에 잠시 입가에 미소를 지었을지 모른다.

먹는 즐거움의 비중은 스님에게도 대단한 것이었다. 스님들의 혀도 우리와 똑같이 미식美食의 유혹을 받고 있었다. 그뿐인가. 선방에서 치열한 구도의 길을 걷는 동안 한없이 경직된 스님들의 심신은 지대방이라는 휴게실에서 그 유연성을 찾는다고 했다. 젊은 비구스님들의 입에서 거침없이 흘러나오는 해학이 있어 지대방이라는 공간이 그들에게 더욱 사랑받는 사랑방이 되었으리라는 것은 짐작기 어렵지 않다. 스님의 법문을 들으면서 어느 원로 수필가의 글 속에 나오는 청자연적의 꼬부라진 꽃잎 한 개가 생각났다.

연적에 조각된 똑같이 생긴 꽃잎들 중에 한 개가 옆으로 약간 꼬부라져 있을 때 작가는 이것을 '멋'이라고 불렀다. 그날 스님의 법문도 참 멋이 있다고 생각되었다. 꼬부라진 한 개의 꽃잎이 보는 이에게 멋일 수 있으려면 꼬부라지지 않은, 반듯반듯한 주위의 꽃잎들로 둘러싸여 있어야 한다. 인간의 물질적이고 본능적인 면모를 거침없이 묘사하는, 스님으로서는 약간 꼬부라진 위트가 그토록 멋이 있었던 것은 오랜 세월 선방에서 갈고 닦은 무서우리만치 치열한 그의 안광이 있었기 때문이리라.

그날 법문을 들으면서 많이 웃었다는 기억과 함께 스님이 줄곧 우리의 웃음을 채점하고 있었다는 느낌이 지워지지 않는다. 진주를 돼지에게 던져주고 있는 것이 아닌가 확인하려는 눈빛이 역력했다. 그런데 웃음에 가려 놓쳐버릴 뻔했던 법문의 한 대목이 여행에서 돌아온 후에도 나를 놓아주지 않는다.

사찰 안에는 이판理判과 사판事判이라는 역할 분담이 있는데 참선을 하고 경전을 공부하며 도道를 닦는 스님 쪽이 이판이요, 절의 살림살이를 맡은 쪽이 사판이라고 했다. 그날 법문하는 스님의 안광에 주눅이 들지만 않았다면 나는 금세 이렇게 질문했을 것이다. '기왕에 인생을 걸고 출가하여 입산수도할 바에야 도를 닦는 이판을 할 일이지 뭐라서 구차한 살림살이를 맡아하는 사판 쪽에 서겠는가.' 라고 말이다.

그보다 더 궁금한 것은 절간의 이판과 사판에 관하여 운을 떼어놓은 스님이 '이판사판' 이란 세상의 언어를 끝내 모르는 척 넘어간 점이다. 내 언제고 다시 산사를 찾는다면 꼭 한번 질문해 보리라 마음먹고 있지만 그것이 언제가 될지 알 수 없으니 우선 제어할 수 없는 나의 궁금증을 스스로 달래보려 한다. 상황이 막다른 골목에 이르러 더 이상 어찌할 수 없을 때 자신도 모르게 튀어나오는 '까짓것, 이판사판이다.'라는 중생의 언어가 사찰에 사는 스님들의 역할 분담과 무슨 관계가 있단 말인가.

해탈解脫이란 말은 아무나 가벼이 입에 올릴 수 있는 어휘가 아니다. 그것은 오직 해탈의 소망 하나만을 빼놓고는 모든 소유를 던져버린 출가구도자의 언어이기 때문이다. 이판의 스님이든 사판의 스님이든 그들 모두의 소망은 오직 하나이리니, 기쁨과 슬픔, 영광과 고난, 사랑과 미움, 귀하고 천함, 끝내는 삶과 죽음까지를 둘로 보지 않는 불이不二의 문門, 아니 그 문조차 존재하지 않는 무문無門의 삼매三昧에 드는 것이리라. 절간에서 자신이 맡은 일이 이판이면 어떻고 사판이면 어떻단 말인가. 이판이 가는 길과 사판이 가는 길은 하나인 것을.

그러고 보면 이판사판이란 말은 참으로 용기 있는 사람의 언어이어야 한다. 진리가 나를 어디로 인도하든 오직 진리에게 자신을 내맡기는, 진리를 향한 절대적 자기 개방의 언어 말이다. 하지만 초礎나라의 귤나무가 제齊나라에 가면 탱자가 된다던가. 절간의 이판과 사판에서 태어난 이 말을 입에 올리는 중생은 오히려 진리를 밟고 넘어설 기세다. 눈에 보이지도 않는 진리에게 자기 자신을 맡기느니 차라리 내가 알아서 나를 관리하겠다는 어투다.

세월은 나에게도 이순耳順의 성숙함을 강요하며 죄어오는데 아직도 화이트칼라, 블루칼라를 편 가르며 이쪽이냐 저쪽이냐를 묻고 있었다. 그날 법문하던 스님께 던지고 싶었던 질문을 입 밖에 내지 못했으니 망정이지 근기根氣 낮은 나의 무례함을 어찌할 뻔했나. 이 천형天刑 같은 분별심은 세상 끝날까지 나를 놓아주지 않을 것인가.

해탈과 나 사이의 거리는 빛의 속도로도 수억 광년이 걸린다는 저 별만큼이나 멀고 아득할지 모르나 밤하늘의 별 속으로 빨려 들어가는 그리움의 가슴이야 어찌 죄 있다 하리.

녹색면허증

무사고의 모범운전자에게만 준다는 녹색면허증이 내 손에 들어왔다. 십수 년 전 면허증을 따고 연수도 마치고 한창 재미붙일 무렵 가족들은 나의 운전을 반기지 않는 눈치였다. 나같이 아둔한 방향감각으로 운전이라니 당치도 않다고들 생각하는 모양이었다. 고집부리고 오기부릴 일이 따로 있지, 생명이 걸려 있는 일이니 가족들의 우려에 나는 슬그머니 용기를 잃고 말았다.

이번에 녹색면허증이 내 손에 들어온 것은 가족들이 그동안 나의 운전을 극구 만류한 덕택이다. 핸들을 잡지 않았기에 신호위반도 접촉 사고도 없는 무운전 · 무사고의 경력으로, 경찰서의 교통과에서 녹색면허증을 받아들고 나오는데 기분이 묘하다.

서른세 살에 요절한 그리스의 알렉산더왕은 짧은 생애 동안이지만 역사 속에 대왕으로 기록될 만큼 업적이 컸다. 젊은 알렉산더가 세계를 정복하러 다닐 때 동행한 2백여 명의 학자와 예술가들은 자신들의 높은 안목으로 전리품들을 수집했고 그 많은 자료와 정보들은 고스란히 왕의 스승인 아리스토텔레스에게 제공되어 스승의 연구에 밑거름이 되었다고 역사는 기록하고 있다.

그로부터 2천 년이 훨씬 지난 오늘에 이르기까지 인류의 정신사는 수도 없이 여러 번 엎치락뒤치락 얼굴이 바뀌었지만 그리스 문화는 변함없이 인간의 영원한 고향, 영원한 어머니로 자리잡고 있다. 그리스는 그 어느 시대와도 치환될 수 없는 인류문화의 원형으로 남아 있는 것이다. 그러니까 이 원형문화의 하드웨어를 마련하는 데에는 알렉산더라는 젊은 정복자의 힘도 보탬이 되었을 것이다.

침략과 정복으로 많은 인명을 살상했으면서도 역사 속에서 곧잘 영웅으로 호칭되는 인물 중에는 나폴레옹이라는 이름도 있다. 프랑스 혁명의 격동기에 혜성처럼 나타난 나폴레옹은 프랑스 국민뿐만 아니라 전유럽의 민중들을, 당시의 절대군주들의 손으로부터 해방시켜주고, 자유 · 평등 · 박애라는 프랑스 혁명의 고귀한 정신가치를 일깨워 준 새로운 지도자로 떠올랐다. 그래서 많은 유럽의 지성인들이 그랬듯이 독일의 철학자 피히테도 처음에는 독일의 젊은이들에게 프랑스를 닮으라고,

나폴레옹을 닮으라고 그처럼 호언했을 것이다.

그러나 얼마 안 가 나폴레옹이 스스로 자신의 머리에 왕관을 얹는 무엄한 제왕으로 변신하고 지칠 줄 모르는 침략전쟁의 기수가 되자 피히테는 완전히 태도를 바꾸어서 나폴레옹을 악의 화신이라고 혹평하며 독일의 젊은이들에게 프랑스의 침략에 결연히 맞서 저항할 것을 외쳤다. 나폴레옹의 최후가 얼마나 명예롭지 못했는지는 세계사가 잘 기록하고 있다. 그리고 그날의 프랑스와 맞서 싸우던 독일정신은 훗날 저 악명 높은 히틀러 파시즘의 단초가 되었다고 하니 인간역사의 물꼬가 어디로 방향을 틀지 그 누가 알겠는가.

젊은 알렉산더는 처음에는 순수하게 인류의 코스모폴리탄 정신을 실현하기 위하여 신들린 사람처럼 정복지를 향해서 달렸고 가는 곳마다 화친을 도모했다. 그러나 인류의 대화합을 몸소 보여준 세계화의 주역인 알렉산더라 할지라도 언젠가는 그의 지칠 줄 모르는 야망과 집착이 그의 왕도에 많은 신호 위반과 차선 이탈의 흔적을 남겼을지 모를 일이다. 그래서 훗날 프랑스의 나폴레옹이 그랬듯이 왕도를 달릴 수 있는 운전면허증을 완전히 박탈당하고 다시는 돌아올 수 없는 외딴 섬으로 쫓겨가 비참한 생을 마쳤을지 알 수 없는 일이다. 그랬다면 그리스는 인류가 알고 있는 그런 대왕으로서의 알렉산더를 갖지는 못했을 것이다.

그러고 보면 알렉산더야말로 왕도라는 코스를 완주하지도

않은 채 지하에서 대왕이라는 영웅의 녹색면허증을 받은 셈이다. 자동차의 핸들을 잡지 않는 사람에게 주어지는 녹색면허증이야 아무 쓸모없는 녹슨 면허증일 뿐이지만 인생의 녹색면허증은 그렇지가 않다. 역사적 인물에게는 죽은 후 영웅의 칭호를 안겨주기도 하고 이름 없는 필부에게도 적지 않은 불로소득의 프리미엄을 안겨준다.

오늘까지 살면서 장발장같이 빵과 양심을 맞바꿀 만큼 처절한 한계상황을 체험하지 않았고, 비극의 주인공 오델로같이 살의를 품을 만큼 누군가로부터 배신감을 느껴 본 적이 없으니, 이만한 평화 속에서 요만큼 모범적인 시민으로 살 수 있는 것도 바로 내가 공짜로 소유하고 있는 그 알쏭달쏭한 인생의 녹색면허증 덕분이 아닐까.

하지만 교통과에서 녹색면허증을 받아들고 나올 때의 묘한 기분은 지금껏 내 안에 그리 유쾌하게 기억되어 있지 않다. 때때로 신호를 위반하고 범칙금을 물더라도 가고 싶은 곳을 마음대로 달리는 많은 운전자들이 나는 부럽다. 박제된 녹색면허증을 갖고 있는 나보다 그들이 훨씬 푸릇푸릇한 녹색 운전자임은 말할 것도 없다.

누가 알랴. 알렉산더 또한 달리지도 못하는 영웅의 녹슨 면허증을 지하에서 소유하고 있느니 차라리 나폴레옹이 되더라도 역사를 주름잡으며 신바람 나게 세계를 좀더 오랫동안 달려보고 싶었는지를.

주황색 신호등

교통경찰이 우리 쪽을 향해 사인을 보내면서 다가온다. 다른 차량이려니 했더니 우리 차를 세운다. "신호 위반하셨습니다. 면허증을 주십시오."

이럴 수가. 우리가 건널목에 진입하면서 동시에 파란 불이 꺼지고 주황색 불이 켜졌다. 운전대를 잡고 있는 아들아이도 황당한 표정이다. 나는 딱 부러지게 "신호 위반을 안했는데요." 라며 면허증을 줄 수 없다고 거절했다. 교통경찰은 한심하고 딱하다는 듯이 우리에게 이렇게 말한다. "주황색 불일 때 지나는 차량은 신호 위반을 인정하기만 하면 딱지를 떼지 않습니다. 신호 위반이 아니라고 우기시면 어떡합니까. 면허증을 주세요."

생각할수록 법치국가의 경찰관이 아니다. 운전자가 신호 위반임을 자인하면 그 이상 명백한 위반이 없거늘 어째서 딱지를 떼지 않는다는 것이며, 신호 위반이 아니라고 항의하는 사람에게만 괘씸죄의 딱지를 뗀다는 고백을 어쩌면 저리도 당당하게 토해 내는 걸까. 경찰관이 운전자와 기氣싸움을 하자는 것인가. 육만 원짜리 딱지를 건네주며 경찰관이 하는 충고다. "하나 가르쳐 드리죠. 딱지를 끊지 않으려면 무조건 위반을 인정하세요."

옆에 앉은 아들에게 세상 살아가는 지혜를 보여주지 못하고 안 끊어도 될 딱지를 끊고 말았다. 하지만 그날 범칙금이 적힌 딱지보다 더 나를 우울하게 한 것은, 내가 싫어하는 나의 모습을 아들에게 들킨 것 같은 낭패감이었다. 나는 세상 살아가기 힘든 어쩔 수 없는 골인骨人인가. 흔히 말하는 뼈있는 사람이 아니라 뼈만 있는 사람, 더구나 중년이 넘어서도 너무 삐쩍 마른 체구는 찬바람이 돈다. 몸에 밴 골인적 언행이 스스로 부담스러워진 지 오래다. 골인은 진리 앞에서는 우등생이지만 예술가로서는 부적격자다. '예술은 진리보다 강하다.'는 니체의 아포리즘에 진한 매혹을 느끼고 있는 요즈음이다. 니체가 부활했다는 포스트모더니즘 시대에 살고 있지만 난해한 니체철학의 몸통이 좀처럼 내 눈앞에 드러날 리 없다. 그러면서도 막연히 플라톤의 왕국으로부터 신천지 니체공화국으로 여행을 떠나고 싶은 충동을 느낄 때가 많다.

학창시절부터 오로지 플라톤을 우상으로 섬기며 평생을 살아왔건만 기다려도 기다려도 약속의 땅은 보이지 않는다. 해가 중천을 지나 서쪽 땅끝으로 기울어 가도록 경기장의 트랙을 고지식할 정도로 반복하며 도느라고 돌았건만 요즘 나는 플라톤적 이상을 좇는 삶이 인간에게 헛수고가 될 수 있다는 위협 같은 걸 체감하고 있다. 언제까지나 목적지를 고집하고 있을 시간도 없거니와 시간이 흐를수록 점점 더 골인이 되어가고 있으니 그것이 두렵다.

테너가수 박인수 교수와 대중가요 가수인 이동원 씨가 함께 어우러져 정지용 시인의 〈향수〉를 부를 때만 해도, 그리고 국민가수 이미자 씨가 일약 세종문화회관에서 공연을 가질 때만 해도, 고전적인 것만이 예술이라고 생각하던 많은 사람들을 놀라게 했다. 플라톤적 이상주의는 참으로 오랜 세월 동안 인간 위에 군림했었다.

얼마나 많은 인류가 스스로 이루어 낸 자신의 지식과 학문, 종교와 인습에 의해서 꼼짝달싹 못하는 목적론적 노예가 되어 살아왔던가. 그리고 자신의 내부에서 힘 솟는 자신의 도덕이 아니라 강자의 도덕인 고전적인 것에 복종하기를 좋아했던가. 하지만 우리가 강자라고 생각하던 고전주의를 니체는 거꾸로 약자의 도덕이라고 부른다. 인간의 내부에서 분출하는 생성의 꿈틀거림을, 매일매일의 삶 속에서 생성되는 아수라까지를 회피하지 않고 당당하게 긍정하는 용기를 니체는 오히려 강자의 도덕이라고 했다.

이 세상에 필요 없는 생명, 의미 없는 생명은 애시당초 창조되지 않았듯이 니체에 의하면 '존재하는 것은 아무 것도 뺄 것이 없다. 없어도 될 것은 아무 것도 없다.' 이 얼마나 무서운 삶의 긍정인가. 생성의 세계가, 하루하루의 삶의 소용돌이가 아무리 고통스럽고 불합리하고 추하다고 할지라도 인간은 그것으로부터 절대로 도망칠 수 없다. 현존재가 아무리 허무하다해도 그것은 극복의 대상이지 기피해서 될 일이 아니다. 그래서 니체에게는 이상주의자는 현존재를 기피하는 나약한 도피자일 수밖에 없다. 자신이 희생되는 와중에서조차 생을 기뻐하고 긍정할 수 있을 때 니체는 그것을 디오니소스적 긍정이라고 불렀다.

'디오니소스'란 말은 도덕과 부도덕, 진리와 허위 같은 분별에 매달리지 않을 만큼 우주적이면서도 당찬 언어이다. 존재하는 모든 것에 대한 해석주체로서의 인간, 그가 곧 니체의 초인超人이라는데 왜 하필이면 '사람 위의 사람'일까. 세상사람들이 정해놓은 인위적인 모든 것들, 가치이든 도덕이든 아름다움이든, 그런 것들에 의해서 구속받지 않는 강자에게 붙여진 이름일 게다.

하지만 해석의 주체자가 되기란 쉬운 일이 아니다. 어느 작가의 말대로 도스토옙스키의 《죄와 벌》에 나오는 라스꼴리니코프가, 이 세상에 살아 있어야 할 한 푼어치의 가치도 없다고 단정해버린 전당포 노파를 살해하는 순간 라스꼴리니코프의 초인정신은 박살이 나지 않던가. 라스꼴리니코프는 애시당초 초인이 아니라 골인이었는지 모른다.

나이가 들면서, 죽기 아니면 살기 식으로 선악을 가리고 시비를 가리는 일이 부끄러워진다. 딴에는 준엄한 진리라고 믿고 있던 잣대가 고작 자신의 색안경에 맞추어져 있음을 아는 데에 너무 오랜 시간이 걸렸다. 다만 '좋은 것과 덜 좋은 것'이라는 미학적 포용으로 살 수 있기를 간절히 바라고 있다.

무더운 여름날 남들보다 두꺼운 유니폼의 정장차림으로 거리에서 땀 흘리고 있는 교통경찰관에게 에어컨이 켜진 시원한 자동차 안에서 차창을 열고 던진 나의 첫 마디는 진위를 가리자는 결투자의 기세가 아니었을까. 주황색 신호일 때 교차로를 지나는 운전자는, 경찰관의 말대로 신호위반자일 수도 있고 아닐 수도 있다. 나의 진실과 타인의 진실을 동시에 볼 수 있는 넓은 가슴, 그것은 분명 골인의 것은 아니리라. 나는 내일도 모레도 수없이 많은 주황색 신호등을 또 만나게 될 것이다.

명품과 진품

"그 영화 속엔 명품은 있는데 진품이 없더라."

어느 영화평론가의 작품평에 발이 끌려 영화를 보고나니, '명품' 이란 표현은 남이 애써 만든 영화를 혹평하지 않으려는 평론가의 사려 깊은 말솜씨였음을 알게 되었다. 영화의 작품성이나 예술성에 비해서 세트나 의상, 소품 등이 지나치게 호사스러웠다. 영상의 고급스런 색조는 관객의 망막을 잠시 풍요롭게 한 후 이내 권태로움을 안겨주었다. 평론가의 작품평은 요즘 세상에서 소통되고 있는 명품의 이미지를 고스란히 담아낸 명언이라는 생각이 들었다.

명품은 이제 더 이상 뛰어난 예술성의 작품이 아니어도 된다. 미적 매혹으로 사람들의 가슴을 들뜨게 할 필요도 없다. 유명 로고가 찍혀 있고 가격이 비싸면 명품이다. 로고를 빼고, 비싼 가격을 낮추는 순간 명품의 명성은 단박에 숨이 끊어지기 마련이다. 이런 명품으로 머리서부터 발끝까지 치장하는 것만으로는 교양인이 될 수 없지 않은가. 속이 텅 빈 명품의 비애다. 그런데도 명품을 둘러싼 우리 사회의 해프닝은 얼마 전 텔레비전에서도 소개된 적이 있었다.

백화점에서 신용카드로 명품의 의상, 구두, 핸드백 등을 구입한 다음 사채업자에게 현금을 받고 70퍼센트 정도의 값에 팔아서 급전을 둘러쓴다는 것이다. 얼른 알아듣기도 힘든 이 유통과정을 일컬어 '명품깡'이라고 했다. 이쯤 되면 명품이 현금을 마련하기 위한 유가증권이 된 셈이다. 사채업자의 창고에서 명품을 할인된 값으로 손에 넣으려는 원매자가 얼마나 많기에 명품깡이라는 사업이 그토록 성업을 이룬다는 것일까.

사람의 품격이 몸에 걸치는 명품의 차림새만으로 높아지지 않는다면 그럼 지식을 쌓으면 교양인이 될 수 있을까. 오늘날과 같은 정보시대에 지식인이 되는 일은 그리 어렵지 않다. 신문, 라디오, 텔레비전, 인터넷 등 넘치는 정보가 눈사태같이 쏟아져서 미처 감당할 수 없을 정도다. 마침내 현대인은 지식의 홍수 한가운데서 자신도 모르는 사이 방향을 잃는 미아가 되고 만다. 명품을 몸에 걸치듯 정보와 지식을 몸에 걸치고 다니는 지식수집가가 될까 두려운 것이다. 돈 많은 사람이 돈관리에 여념이 없듯, 수집된 정보와 지식이 많은 사람도 자칫 지적자산의 관리에 발목 잡히면 자기자신과의 만남은 점점 소원해진다. 마침내 자신의 본래 얼굴을 기억해 내기 힘든 지식인들이 얼마나 많은가.

프랑스의 사상가 에마뉘엘 뮤니에는 교양을 이렇게 정의했다.

"교양이란 지식의 축적에 있는 것이 아니다. 당사자의 마음 속 깊은 곳으로부터 자기변혁을 일으킬 수 있는 에너지가 곧 교양이다. 즉 교양이란 일체의 지식을 잃은 후에도 남는 인격 그 자체다."

예술가에게서 작품을 빼고도 남는 것, 교수에게서 저서를 빼고도 남는 것, 기업가에게서 돈을 빼고도 남는 것, 정치가에게서 권력을 빼고도 남는 것, 그것이 곧 뮤니에가 증거하는 진품으로서의 교양이라면, 교양이야말로 인간에게 천부적으로 주어진 자기성숙, 자기상승의 에너지가 아닐까.

지식을 가지고 있다는 말과 '알고 있다' 는 말은 같지 않다. 단지 소유로서 정지되어 있는 지식은 남들의 눈에는 명품으로 비쳐질 수 있을지 모르지만 내 삶의 변혁에는 도움을 주지 못한다. '너 자신을 알라.' 는 철인의 정언명령은 지식을 얻어서 될 일이 아니다. 신은 우리를 창조할 때 우리의 영혼 안에 넉넉하게 여백을 남겨 놓았다. 그러나 잡다하게 수집된 지식이 아무리 산더미같이 쌓여도 그것으로 신이 우리에게 남겨 놓은 창조의 여백이 채워지는 것은 아니다.

오직 무명無明에서 깨어나 '나'에 대한 존재론적 탐구에 게으르지 않을 때에만 우리는 평생에 걸쳐 조금씩 조금씩 그 여백을 채워 갈 수 있을 뿐이다. 이것만으로도 인생은 고해가 되기에 충분하지 않은가. 현존재의 일상적인 삶으로부터 존재의 세계로 돌아가려는 환원의지 그것이 뮤니에가 요구하는 내적변혁의 속모습이라면, 내적변혁이야말로 사람의 전인격과 교양을 판가름하는 창조의 에너지 바로 그것이리라.

끊임없는 자기변혁 없이 자기상승을 소망하는 것은 브레이크를 걸고 주행하려는 운전자의 소망과 다를 바 없다. 온통 명품만이 어른거리는 스크린에서 관객이 권태로움을 느끼는 것도 바로 자기변혁의 모티브가 보이지 않기 때문일 것이다. 솟아오르는 영상매체의 힘은 이제 활자문화를 능가한 지 오래 되었다. 영화에 대한 안목이 점점 까다로워지기는 평론가의 시선뿐만이 아니다.

영화가 끝났는데도 관객이 영화관의 의자에서 일어서지 못하고 한참 동안 침묵하며 앉아있는 영화, 영화관 밖에서 일어나던 일상적 삶이 얼마나 본질이 아닌 하찮은 것들에 의해서 휘둘림을 받았는지 깨달을 수 있는 영화라야 가히 진품의 반열에 오를 수 있을 텐데. 영화계에서 명품이 남발되듯 글에도 명품과 진품은 있을 터이기에 하루하루 글쓰기가 더 어려워지는 것이다.

거울 속에 비치는 내 얼굴이 점점 원하지 않는 모습으로 낯설게 변해가는 오늘의 두려움. 이 두려움은 명품의 옷자락으로 덮는다고 치유될 성싶지 않다.

시계視界와 한계限界

"나도 아내가 필요하다."

어느 50대 주부가 고달픈 가사노동 중에 외친 인권선언이다. 나 또한 가족을 위해서 허구한 날 요리를 하다보면 내가 만든 음식의 맛을 제대로 즐길 수 없는 미각이 가끔은 권태롭다. 예외가 있다면 녹차를 마시는 시간이다. 이 시간엔 아내타령을 안 해도 된다. 녹차를 끓이는 일은 음식을 요리할 때처럼 번거롭지 않다.

오늘 아침엔 용케도 나만을 위한 시간과 마주하고 앉는다. 홀로 녹차 한 잔을 식탁에 놓고 앉으니 옆에 신문이 없어도, 음악이 없어도 이대로가 좋다. 하얀 백자 찻잔에 차를 따르면, 녹차의 향이 혀끝에 닿기 전에, 눈으로 만나는 녹차의 물빛이 나를 반하게 한다. 노랑도 녹색도 아닌 담황의 찻빛은 백자 찻잔이 아니면 즐길 수 없다. 어쩌다 청자 찻잔으로 멋을 부려볼라치면 이내 실망하고 백자로 바꾼다.

청자 찻잔에 녹차를 따르면 아무 색도 아니다. 애매하고 모호한 찻색에 덩달아 녹차의 맛도 밋밋해진다. 백자에 익숙한 나의 눈엔 청자 찻잔의 향기가 낯설기만 하다. 속살이 하얀 찻잔으로만 차를 마시는 일이 단조로울 때도 있으련만, 한 가지 녹차의 색깔에 길들여진 나는 삼백육십오일 백자를 놓지 못한다.

지난해 중국 연변의 용정에서 열린 항일시인 심연수의 시비 제막식에 갔을 때였다. 행사를 마친 후 기왕에 연변까지 왔으니 민족의 영산이라는 백두산의 천지를 보기로 했다. 말로만 듣던 천지天池 앞에 처음 서 있는 나는 무덤덤한 느낌에 스스로 의아했다. 몇 해 전 캐나다의 록키 산 속에서 처음 만났던 많은 호수들이 생각났다. 마주치는 호수마다 뿜어내는 자연의 신비로움이 전류처럼 내 몸으로 흘러들었다. 갓 태어난 내 아이를 처음 만날 때 느끼던 경이로움 같은 것이었다. 특히 '루이스' 호수가 그랬다. 평소에 아무도 나에게 루이스 호수에 대해서 말해준 사람이 없었다. 호수 앞에서 나는 철두철미하게 낯선 사람이었다.

백두산 천지 앞에서 자연과의 교감을 방해한 것이 무엇인지 집히는 것이 없진 않다. 나에게 입력되어 있는 백두산 천지는 자연이기 이전에 교과서 속에 갇힌 역사의 파노라마였다. 처음

보는 백두산 천지건만 낯설지 않았다. 감동 받을 만큼 새로울 것도 경이로울 것도 없다. 눈앞에 펼쳐지는 천지의 수면 위에서 평소에 듣던 영산의 정기가 뿜어 나오기를 기대했지만 이미 내 속에 그려져 있는 백두산의 밑그림은 꼼짝도 하지 않는다. 내가 스스로 보는 것이 아니라 역사의 눈을 빌려서 보고 있었다. 남의 눈, 역사의 눈은 나에게 전이되는 순간 느낌이 아니라 사유로 탈바꿈하는 것일까. 그래서 선사禪師들은 우리에게 마음을 비우지 않으면 '보아도 보이지 않는다.' 고 끊임없이 타이르는 것일까.

올라갔던 지프로 옛 대관령 길보다 좁고 꼬불거리는 백두산 하산길에 올랐다. 생각보다 부드러운 산세를 눈에 익히려고 두리번거리다가 흘러내리는 안경을 고쳐 쓰느라 위로 올리는 순간 갑자기 벼락 같은 빛을 느꼈다. 쓰고 있는 안경이 색안경임을 깨우쳐 주는 강한 햇빛이었다. 조금 전 나는 색안경을 쓴 채 천지를 보았으니 천지의 물빛을 제대로 본 게 아니었다. 순간 억울한 생각이 들었지만 이내 마음을 달랬다.

어차피 천지와 나 사이에는 역사라는 색안경이 있었지 않은가. 그리고 천지의 상공에서 시시각각으로 모였다 흩어지는 구름도 나의 색안경만큼이나 물빛을 바꾸어 놓았을 터이니 내 어찌 감히 천지의 본래 물빛을 운운한단 말인가. 백자에 담겨진 녹차도 청자에 담겨진 녹차도 본래 색이 아니듯, 백두산 천지의 물빛도 햇빛과 구름과 나무와 바람에 따라, 그리고 동서남북 내가 서 있는 위치에 따라 변화무쌍할 것이거늘.

녹차 한잔의 행복에서 깨어나 빨래를 널기 위해서 이층 베란다로 올라갔지만 상념은 그대로 나를 따라온 모양이다. 아래를 내려다보니 참으로 희한하다. 집 앞에 세워둔 우리 집 자동차의 지붕이 작은 버스의 지붕만큼이나 길쭉하다. 숫제 커다란 널판지 같다. 땅 위에서 보던 작은 자동차가 아니다. 불과 3-4미터 높이의 2층에서 자동차를 내려다보니 정말 나의 눈은 믿을 것이 못 된다는 생각이 들었다.

내가 만일 지금 저 자동차를 그린다면 널판지 이외에 무엇을 그릴 수 있단 말인가. 자동차의 널판지 지붕을 그려놓고 '이것이 자동차다.' 라고 큰소리 치는 중생이 어찌 나 하나뿐이랴. 화가가 그린다 해도 마찬가지일 터다. 자동차의 앞쪽, 옆쪽, 그리고 위쪽을 동시에 그릴 수는 없는 법. 그 어느 쪽에서 그려도 자동차의 실상實相을 고스란히 담아내지는 못한다. 차라리 그리지 않는 편이 자동차를 왜곡하지 않는 길이지만 그림그리기를 포기하는 일은 얼마나 어려운가. 아무것도 그리지 않는 무위無爲는 아무나 할 수 있는 일이 아니기에 중생은 물체의 일그러진 모습을 끝도 없이 그려대고 있는 것이다.

녹차의 색은 녹차에 있지 않고 찻잔에 있음이니 하얀 찻잔에서 만난 그 빛깔만을 어찌 녹차 색이라고 고집할 것인가. 얼마나 세월이 더 흘러야 나는 청자 찻잔의 찻색에서도 조응照應의 파장을 예찬할 수 있을는지. 누군가가 피카소에게 나이 들수록 밝고 다양한 색을 사용하는 연유를 물었다. '화가가 색을 발견하는 데에는 시간이 걸리는 법' 이라고 피카소는 대답했다지만 화가가 아닌 나는 영원히 그 색을 발견할 수 없을까 두려운 것이다.

다양한 색의 찻잔으로 녹차를 즐기지 못하는 낯가림은 다도茶道에서만 실격이 아닐 듯싶어서다.

고궁의 담 안쪽

창경궁의 돌담은 언제 보아도 고즈넉하다. 잘 정돈된 담의 높이는 한칸 한칸 질서를 타고 올라갔다. 담쌓기의 기하학적 솜씨가 옛 왕실의 법도를 연상케 한다.

달리는 버스에 앉아 내려다보니 활짝 열린 고궁의 안뜰에는 야외촬영을 나온 신혼부부의 모습이 야단스럽다. 카메라맨, 조명판을 들고 다니는 조수, 신부 신랑의 친구들, 영락없이 영화촬영을 나온 스탭들이다.

백설보다 더 하얀 웨딩드레스를 입은 신부가 땅에 끌리는 드레스를 두 손으로 움켜잡고 카메라맨을 따라간다. 어깨를 늘어트린 채 피곤한 얼굴이다. 카메라맨이 시키는 대로 모델 노릇하기가 어디 그리 쉬운가. 드레스 속에 입고 있는 청바지가 정강이까지 보인다. 웨딩드레스 속에 청바지를 입고 고궁의 마당을 서성대는 신부의 모습이 첫눈에 코미디 같아서 절로 웃음이 나왔지만 불쑥 오래된 추억 한 토막이 이내 웃음을 거두어간다. 40년 전의 일이나 나흘 전의 일이나 기억 속에선 높낮이도 강약도 없다.

내 나이 서른 무렵 해외에 머물 때였다. 조그만 여성단체로부터 한국을 소개해 달라는 부탁을 받고 몹시 망설였다. 오늘날의 아프리카 후진국들보다 더 가난한 내 나라에 대해서 무슨 말을 할 것인가. 보릿고개에 대해서 설명해 줄 것인가, 유럽행 비행기표 한 장 값이 한국의 집 한 채 값과 맞먹는다는 신화 같은 이야기를 해 줄 것인가. 그들이 한국에 대해서 아는 것이라곤 6 · 25 전쟁을 겪은 피폐하고 못사는 나라라는 것이 전부였다. 그리 무식한 사람이 아니더라도 한국에선 중국어를 쓰는지 일본어를 쓰는지 묻는 사람도 있던 때였다. 그보다 더 많은 사람들은 지구상에 한국이라는 나라가 있는 것조차 알지 못했다.

그래도 나라 안에서는 '하면 된다.'는 신바람 에너지가 용트림하기 시작하던 때였다. 정부에선 외국어로 된 홍보책자도 만들어 냈다. 나도 수중에 한 권 갖고 있었다. 간추리면 그런대로 보이고 싶지 않은 부분은 감추면서 한국을 소개할 수 있을 것 같기도 했다. 그보다 더 나에게 용기를 준 것은 출국할 때 마음먹고 장만해서 짐 가방 속에 넣은 한복 한 벌이었다. 한복을 입고 나가면 그 자체로도 성공적인 한국 소개가 될 것 같았다. 나는 그 날 한복을 곱게 차려입고 그들 앞에 섰다. 준비된 원고

덕분에 강연은 무사히 마쳤지만 끝난 후가 문제였다.

예상대로 한복은 그들에게 신선한 호기심을 던져주었다. 여러 명의 주부들이 내 앞으로 몰려오더니 한복을 격찬하며 알고 싶은 것이 많다. 한복의 곡선이 어디에서 오는지 궁금했던 모양이다. 본래 풍성할 수밖에 없는 한복의 치마폭에 대해서 그들이 그토록 관심을 가지리라고는 생각하지 못했다. 속옷으로는 무슨 옷을 입느냐고 묻는 것이 아닌가. 짐 가방 속엔 달랑 한복 한 벌 챙겨 넣었을 뿐, 속고쟁이까지 층층이 챙겨 넣었을 리 없다. 그날 나는 치마 속에 청바지를 입지는 않았지만, 전통의상의 격식에 따르는 속옷을 제대로 갖추어 입지 못했다. 치마와 속치마를 조금만 올려도 뻘건 종아리가 나올 판이었다.

그들이 그날 볼 수 있었던 것은 내가 신고 있던 버선목이 고작이었다. 다행히 주부들은 옥양목 버선과 고무신의 맵시를 신기해 하며 나를 놓아주었지만, 그 순간 나를 엄습했던 당혹감은 잊을 수가 없다. 본래 우리의 어머니와 할머니들이 겹겹이 챙겨 입던 속옷을 나도 품위있게 갖추어 입었더라면 같은 여자들끼리이니 보여주지 못할 것도 없었을 터였다. 내실을 갖추지 못하고 껍데기만 아름답게 보이려던 작심이 정곡을 얻어맞은 것이다. 그날 나의 옷차림은, 내가 한국에 대해서 어두운 것은 감추고 좋은 것만 얘기한 발표내용과 너무 닮아 있었다.

정말 등에 진땀이 날 만큼 혼이 났건만 그 후로도 남의 눈에 들키지 않고 무사히 넘어가는 일을 행운으로 여기는 많은 세월들이 있었다. 거리낌 없는 외화내빈의 뱃심 좋은 자기표현이 아슬아슬하게 잘도 넘어갔다. 그러면서도 마음 속 어느 구석에서는 자신의 겉치레에 스스로 식상할 때가 있었다. 안과 밖이 같을 때에만 진정한 평화를 누릴 수 있는 순전한 균형감각은 신이 인간을 지을 때 누구에게나 넣어준 창조의 부속품이다.

'혼자 있을 때를 삼가라.愼其獨'는 군자의 도道는 유교 경전에 여러 번 반복해서 나온다. 군자가 아닌 보통사람도 멈칫멈칫 서서 쉬어가는 대목이다. 이것이 어찌 군자만을 이롭게 하는 유가儒家의 골동품적 계율일까. 이것 저것 따져서 이로운 것을 선택하는 영리한 현대인들도 자신의 내면을 조금만 들여다보면 알 수 있는 마음구조다. 우리가 정녕 혼자 있을 때가 있던가. 하늘과 내가 단둘이 있을 때를 '혼자 있다.'고 표현하는 것뿐이다. 하늘은 인간에게 가장 사심 없는 파트너다.

'내가 바라지 않는 것을 남에게 하지 말라.', '내가 존중 받기를 원하는 것처럼 남도 존중 받기를 원한다.'는 도리를 서양에선 황금률이라고 부르고 동양에선 혈구지도絜矩之道라고 말한다지만 동양인이든 서양인이든 사람의 마음은 다르지 않다. 아니 하늘과 사람의 관계도 그럴 것이다. 내가 하늘을 대단찮게 여기고 함부로 대하면 하늘도 나를 그렇게 대한다. 그 때가 바로 마음의 평화를 빼앗기는 순간이라고 믿고 있다. 혼자 있을 때 삼간다 함은 곧 하늘과 단둘이 있을 때 하늘을 존중하는 마음이다. 하늘을 존중하기만 하면 평화를 누릴 수 있으니 공리적으로 보더라도 손해 볼 일이 아니잖은가.

노년의 명배우는 젊은 날 무대에서 열연했던 연기를 회상하며 자부심을 가질 수도 있다. 연극에서야 무대 뒤에서 일어나는 일이 아무려면 어떤가. 무대 위에서 연기만 잘하면 성공한 배우다. 그러나 배우가 아닌 우리에겐 관객을 위해서 그토록 충성해야 할 의무가 없는데도 우리의 관심과 시선은 온통 관객을 향해 있으니 이상한 일이다.

육십을 살아도 칠십을 살아도, 여전히 안으로보다는 밖으로 향한 창문의 유리를 닦는 데에 열심이거늘 어찌 새색시의 숨겨진 청바지가 웨딩드레스에 대한 예우가 아니라고 나무랄 수 있으랴. 활짝 열린 고궁의 안뜰에서 청바지를 드러내며 활보하는 새색시의 꾸밈없는 자유분방함이 일견 사랑스럽기도 하다. 그 옛날 고궁의 담 안쪽 구중궁궐에서 은밀히 흘러간 역사 속의 세월들을 생각하니 더욱 그랬다.

탈을 써야 탈을 벗지

하회마을 한번 구경하기가 왜 그리 어려웠는지. 과연 듣던 대로 하회마을의 풍광은 일품이었다. 휘감겨진 낙동강의 허리춤에 고색이 창연한 기와집들이 의연하게 자리잡고 있다. 도도하게 흐르는 강줄기, 여인의 속살같이 뽀얗게 드러난 모래사장, 강 건너에 버티고 서 있는 산이랄 수도 바위랄 수도 없는 부용대. 이곳에 처음 터를 잡은 시조의 안목이 감탄스러웠다. 요즈음은 사공이 없어 배를 젓지 못한다니, 강 건너 코앞에 부용대를 두고도 멀리 있는 다리를 건너 돌고 돌아서 어렵게 부용대에 올랐다.

넓적한 바위에 서서 강물을 내려다보니 오래 전에 보았던 라인 강가의 로렐라이가 생각난다. 자연적 경관으로 보아 부용대보다 나을 것도 없는 로렐라이가 독일인에게 뿐만 아니라 전

세계인에게 관광의 명소로 꼽히고 있는 것은 순전히 시인 하이네의 덕이다. 하이네가 유태인이라는 이유로 그의 책을 모두 분서하도록 명령한 히틀러도 〈로렐라이〉만큼은 작자 미상으로 둔갑시켜 독일국민에게 노래를 부를 수 있도록 허용했다니, 로렐라이가 독일 민중의 가슴에 얼마나 깊이 자리잡고 있었는지 짐작게 한다.

하회마을 또한 많은 사람들로부터 사랑받는 데에는 자연적 풍광 말고도 까닭이 있었다. 이번 하회기행에서 때마침 열리는 하회별신굿 탈놀이를 구경할 수 있었던 건 커다란 행운이었다. 별신굿 탈놀이는 로렐라이에 얽힌 전설적 노래와는 달리 지금도 살아서 신명나게 움직이고 있었다.

몇 해 전 나는 안동에 사는 친지로부터 하회탈 두 점을 선물로 받은 적이 있다. 말로만 듣던 하회탈을 선물로 받고 보니 여간 기쁘지 않았다. 그러나 벽에 걸어놓은 하회탈은 자신의 예술적 가치에 대해서 아무 것도 말해주지 않았다. 턱을 따로 떼어서 끈으로 매어놓은 것 빼고는 여느 탈과 별로 다를 것이 없다. 탈예술의 진수가 어디엔가 숨어 있으련만 무지한 내 눈이 그것을 찾지 못하는 것이려니 하고 내심 부끄러운 생각이 들어 누구에게 묻지도 못했다. 바로 그 탈들을 이번 하회별신굿 탈놀이에서 만난 것이다.

흙마당에 멍석을 깔고 그 위에서 펼쳐지는 탈놀이를 나는 조금이라도 가까이에서 보려고 맨 앞줄에 자리를 잡았다. 어렸을

적 동네에 오는 서커스단을 기다릴 때처럼. 이윽고 마을의 수호신이라는 각시탈이 남정네의 무등을 타고 한 바퀴 돌아나가더니 선비, 양반, 부네, 할미, 백정, 초랭이, 이매가 차례로 등장한다.

위선과 허세로 엮어가는 양반과 선비의 입씨름, 그들을 유혹하는 에로틱한 부네의 몸짓, 선비와 양반의 관능적 짓거리를 조롱하는 백정의 너스레, 상전인 양반의 비행을 깐족거리는 초랭이, 자신이 절름발이면서 오히려 관중을 향해서 '병신들, 병신들' 을 연발하는 이매의 냉소, 탈의 주인공들은 모두 거리낌없이 하고 싶은 말을 내뱉는다. 그 순간 갑자기 나는, 지금 저들이 쓰고 있는 가면이 가짜가 아니라는 생각이 들었다. 그 가면이야말로 그들이 자신으로 돌아갈 수 있는 유일한 구원일 것 같았다.

그들은 일년 중 오늘 하루를 제외한 모든 날들을 그들에게 태어나면서부터 씌워진 신분의 탈을 쓰고 살아야만 했다. 적어도 별신굿이 펼쳐지는 오늘 하루만은 그들의 신분적 배내옷을 벗어 던지고 알몸의 자신으로 돌아갈 수 있는 자유를 선물로 받은 것이다. 그 선물이 바로 저들이 지금 얼굴에 쓰고 있는 탈이 아닌가. 그런데 그 자유를 만끽하는 그들의 놀이에 관중이 왜 이토록 신명나 하는 것일까.

양반, 선비, 부네, 초랭이, 이매. 이 모든 인간적 유형은 고스란히 관중의 가슴속에서도 살아 숨쉬고 있었다. 인간의 내부는 참으로 복잡한 것이어서 해체만 할 수 있다면 이보다도 훨씬 많은 탈을 필요로 할는지 모른다. 관중은 타인을 만난 것이 아니라 자기 자신을 만난 것이다. 양반을 만난 것이 아니라 자신의 오만함을 만났고, 부네를 만난 것이 아니라 자신의 에로티시즘을 만났고, 이매를 만난 것이 아니라 자기 자신의 열등의식을 만난 것이다. 그래서 관중은 한 시간 남짓한 공연시간을 열화 같은 일체감 속에서 그토록 박장대소하며 즐거워했을 것이다.

하회탈놀이에서 맛볼 수 있는 카타르시스는 다른 연극에서와는 달랐다. 주인공이 따로 있는 것이 아니라 모든 탈이 주인공이다. 가장 존귀하다는 양반과 선비에서부터 가장 천덕꾸러기 이매에 이르기까지 주역과 조역이 따로 정해져 있지 않다. 그들 하나하나는 어느 것 하나 빼놓을 수 없는 인간의 정직한 모습이기에, 차라리 그 모두를 유머와 해학으로 뭉뚱그리는 별신굿의 지혜가 참으로 소중하게 느껴졌다. 특히 세상에서 가장 천대받는 보잘것없는 이매가 관중을 휘어잡는 당당한 몸짓과 언어는, 관중의 이매콤플렉스를 치유해 주는 흐뭇한 광경이었다. 숨겨진 허물을 밖으로 끌어내어 어루만질 수 있도록 허락된 마당, 이 마당에 초대받은 관중들은 모두 행복해 보였다.

하회별신굿 탈놀이는 상민들의 놀이이지 양반들의 놀이문화가 아니었는데도 거기에 드는 모든 비용을 양반들이 부담하고 기꺼이 행사를 마련해 주었다고 하니 우리의 전통적 반상班

常의 문화는 서양의 노예제도와는 많이 달랐던 것 같다. 인간과 인간이 사랑을 상실하고 상대를 도구로 이용하는 일그러진 그림자를 탈놀이마당의 멍석 위에선 전혀 찾아볼 수 없었다.

탈놀이마당에서 펼쳐지는 이 해학과 풍자를 직접 만나보지 못하고 단지 나무를 깎아 만든 벽에 걸린 탈 속에서 하회탈의 예술혼을 아무리 찾으려 한들 그것이 찾아질 것인가. 한 시간이라는 공연시간은 내가 선물로 받았던 하회탈의 진가를 발견하는 귀중한 순간이기도 했다.

황야의 이리

노래하는 저 여가수의 머리를 나는 오래 전 어느 영화에서 본 적이 있다. 적국敵國의 젊은 장교와 정을 통했다고 해서 분노한 조국의 주민들로부터 수모를 당하는 여인이 있었다. 성난 군중들은 그녀의 아름다운 금발을 무자비하게 가위질한다. 아무렇게나 싹둑싹둑 잘려져 하늘로 뻗치고 있는 그녀의 머리는 한 인간의 완벽한 몰락을 의미했다.

노래 부르는 여가수의 분장이 왜 하필이면 이브닝 드레스에 고슴도치머리란 말인가. 가슴까지 파인 반짝반짝 빛나는 우아한 이브닝 드레스에 삐쭉삐쭉 솟은 고슴도치머리는 충격에 가까운 부조화의 앙상블이다.

강렬하게 절규하는 여가수의 몸짓과, 뒤에서 악기를 연주하는 그룹의 질풍 같은 동작으로 보아 그녀가 부르는 노래는 달

콤한 사랑의 속삭임도 환희의 열창도 아니다. 이상하게도 나는 TV화면에 빠져들면서 처음에 느끼던 거부감이 차차 사라져감에 스스로 놀랐다.

때때로 예술의 전당 콘서트 홀에서, 고전음악을 듣는 관객이 되려면 입고 갈 옷에 은근히 신경이 쓰인다. 정장차림으로 가는 날은 캐주얼 차림이 많이 눈에 띄고, 편안한 차림으로 가는 날은 정장차림의 관객이 유난히 많이 눈에 띈다. 어떤 옷차림으로 그날의 음악과 연주자에게 예의를 표할 것인지 관객마다 다르다. 관객이 이렇거늘 주인공인 연주자는 그날의 연주곡에 맞는 의상을 선택하느라 얼마나 고심할까. 특히 여성 연주자의 우아한 드레스에는 격에 맞는 머리스타일이 따르게 마련이다. 갈고 닦은 예술적 기량은 이런 예술 외적 효과와 어우러져 관객의 영혼을 한껏 고양시킨다.

그러나 콘서트 홀의 문을 나서는 순간 우리의 영혼은 또다시 삶의 일상적 갈등과 부조화의 파도 속에서 노를 저어야 한다. 예술의 전당 안에서 고양되었던 영혼의 품위는 어느새 손에 쥐고 있던 얼음이 녹아버리듯 흔적도 없이 사라져버리게 마련이다.

베토벤의 〈운명교향곡〉이 지축을 울리며 우리의 가슴을 뒤흔들어 놓기까지 작곡가의 영혼은 얼마나 치열하게 접신接神의 경지에서 균형의 곡예를 시도했을까. 때로는 간절히 기도하며, 때로는 신의 멱살이라도 잡을 듯 저돌적 창조 욕구를 불태우며 그는 마침내 그토록 위대한 영혼의 신대륙을 발견할 수 있었을 것이다. 우리가 하찮은 글 한 편을 쓸 때에도 퇴고는 단순한 글자 고침이 아니라 끝없는 균형잡기의 자기훈련이 아니던가. 작곡가는 음악으로, 작가는 문학으로 가는 길의 이름이 다를 뿐, 고전작품이란 바로 이 균형과 조화가 검증된 좋은 점수를 딴 예술작품을 일컬음이다.

균형의 고뇌는 예술가의 몫만은 아니다. 권력자가 권력에 의해서 멸망하고 부자가 돈에 의해서 멸망하는 것도 들여다보면 그들의 마음속에서 균형감각이 깨어졌기 때문일 게다. 우리의 몸과 마음은 외줄 타는 곡예사의 운명처럼 항상 기우뚱거리고 위태롭다. 신神을 닮고 싶어 무시로 신에게 추파를 던지지만 언제 그랬더냐 싶게 신을 외면하고 하찮은 작은 것에 무릎을 꿇는 때가 얼마나 많은가.

우리의 몸속에 들어있는 이 통합될 수 없는 불균형의 이중성, 타협하지 못하는 분열성을 가차없이 파헤친 작품 중에 헤르만 헤세의 자전적 소설 《황야의 이리》가 있다. 우리의 내부에는 항상 서로 적의敵意와 갈등의 상태로 뒤얽혀져 있는 두 개의 영혼, 즉 인간과 이리가 치열하게 대립하고 있다는 것이다.

고전적 이브닝 드레스에 고슴도치 머리를 한 저 로큰롤 가수의 기이한 분장은, 그리고 그녀가 부르는 노랫말의 절규는 바로 이 이중성이 내부에서 일으키고 있는 동란動亂의 표현일지도 모른다. 하필이면 몰락한 여인의 머리에 고전적 드레스를 감히 접목시킨 저 발상은 분명 고전적인 것에 대한 반동이긴 하지만 그것이 인간의 내부에 숨겨진 부조화의 고백이라면 그 정직함을 누가 비난할 수 있을까. 로큰롤 가수처럼 몸짓과 노래로 표현하지 못할 뿐 몰락에의 유혹과 구원에의 소망은 우리의 내면에서 끊임없이 힘겨루기를 계속하고 있는 두 얼굴이다.

《황야의 이리》에서 인간의 내부를 너무나 통렬하게 분석했다고 해서 헤세는 당시의 세인들로부터 거센 비난을 받았다. 특히 황야의 이리라는 거울 속에서 자신의 흉한 모습을 본 많은 사람들이 헤세에게 돌을 던졌을 것이다. 하지만 인간은 자신의 내부에 도사리고 있는 이리에게 희생되지 않기 위해서라도 이리의 존재를 은폐해서는 안 된다는 것이 헤세의 생각이다. 그가 말한 것처럼 《황야의 이리》 속에 표현된 인간 영혼의 분열과 고뇌는 죽음과 몰락으로 가는 길이 아니라 통합과 조화를 애타게 희구하는 자기 개방의 지혜이기도 하다.

《황야의 이리》가 발표된 지 50년이 지난 1970년대에 독일 땅이 아닌 미국 땅에서 젊은이들의 가슴에 황야의 이리가 다시 살아날 줄이야. '황야의 이리' 라는 이름을 가진 로큰롤 그룹이 아메리카에 생겨났고 당대의 히피족들이 헤세를 현대의 성자聖者로 우상화하기에 이르렀다고 하니, 지금 TV에서 노래 부르는 저 가수가 바로 미국산 황야의 이리가 출산한 후예인지도 모른다.

헤세의 말대로 중년에 이르러 특별한 고통도 고뇌도 없고,

인내해야 할 아무런 걱정도 절망도 없는 미적지근한 무통無痛은 평화가 아니라 죽음에 이르는 병일 수도 있다. 로큰롤은 나이와 관계없이 자신의 내부에서 이리와 힘을 겨루고 있는 모든 깨어있는 사람의 외침 아닐까. 공연을 보면서 어쨌든 나는 그들에게 반대할 마음이 없어졌다.

헤세가 《황야의 이리》를 집필한 것도 그의 나이 50세가 넘어서였다.

자유의 두 얼굴

빈 방 있습니까

식영정息影亭 뒤뜰

연금술사의 유전자

문명인의 부적符籍

생각 따로 말 따로

하느님의 물레방아는 천천히 돈다

시와 기어綺語

자유의 두 얼굴

"두목, 당신의 책을 한 무더기 쌓아놓고 불이나 확 질러 버리쇼. 그러고 나면 누가 압니까. 당신이 바보를 면할지."

니코스 카잔차키스의 소설 《희랍인 조르바》에 나오는 자유인 조르바의 독설이다.

조르바의 눈엔 글쓰는 작가란 언어의 틀 속에 갇힌 바보였다. 책을 불살라버려야 바보를 면한다는 조르바의 막말에 두목은 화내지 않는다. 두목은 곧 작가 카잔차키스 자신이었다. 평생 자유를 위해서 작품을 썼던 카잔차키스는 무덤까지도 '나는 자유다.' 라는 비문碑文을 들고 갔다. 무엇이 이 그리스 작가를 그토록 부자유롭게 했을까.

소설 속에서 두목으로 등장하는 작가는 이렇게 탄식한다.

"주린 영혼을 채우기 위해 오랜 세월 책으로부터 빨아들인 영양분의 질량과, 겨우 몇 달 사이에 조르바로부터 느낀 자유의 질량을 돌이켜 볼 때마다 책으로 보낸 세월이 억울해서 나는 격분과 쓰라림을 견딜 수 없다."

작중 인물 조르바는 작가 카잔차키스가 만났던 실재인물이기도 했다. 도자기를 만드는 회전 원반에 거치적거린다고 새끼손가락을 잘라버린 기인 조르바. 어린 자식을 잃고 슬픔을 춤으로 터트리는 타고난 춤꾼, 탄광사업이 거덜나자 바닷가에서 덩실덩실 춤을 추는 자유인. 춤은 조르바의 언어였다.

크레타 출신인 카잔차키스는 그의 나이 20대에 그러니까 1910년대에 본토 그리스의 성산聖山 아토스 산에 오른다. 아토스 산은 속세와 단절된 수도원과 수도승의 산이다. 깎아지른 듯한 기암절벽에 제비집처럼 붙어있는 암자에는 수도승들이 살고 있었고, 절벽 아래는 백골이 널려있었다. 고통을 통하여 날개를 얻었다고 믿고 절벽 아래로 몸을 던진 수도승들의 것이라고 했다. 수도원에 살고 있는 원장신부에게 젊은 방문객 카잔차키스는 당돌하게 질문했다.

고행을 통하여 혼자 천국에 이르려는 이기적 수행이 무슨 의미가 있는가?

사람의 육체 또한 하느님의 작품인데 어째서 육체를 부정해야 하느님 나라에 들 수 있는지?

원장신부는 성호를 그으며 '사탄아, 물러가라.' 고 귀신 쫓듯 청년 카잔차키스를 내쫓는다. 카잔차키스가 아토스 산에 오른 것은 단순한 순례가 아니었다. 그는 진실로 수도자의 생애를 부러워했었다. 여차하면 수도자의 길을 걸을 수도 있을 것 같아 아토스 산에 올랐으나 절망하며 하산한다. 그는 인간 스스로가 만들어 낸 억압과 인습을 신의 뜻이라고 믿고 있는 종교와 성직자들을 견딜 수 없었다. 그의 눈에 비친 수도승들은 '거룩함' 의 덫에 걸린 불쌍한 사람들이었다. 마침내 카잔차키스는 '신으로부터 구원받기를 바라지 말고 우리가 오히려 수도원에 갇힌 신을 구해내야 한다.' 고 외친다. 그는 신이 만든 본래의 인간은 아토스 산의 수도승이 아니라 자유인 조르바라고 생각했다. 그에겐 수도승들보다는 자유인 조르바가 더 신성해 보였다.

카잔차키스의 자유를 생각할 때마다 나는 도스토옙스키를 떠올린다. 도스토옙스키는 신이 인간에게 부여한 자유를 도로 신에게 반납하기를 원했었다. 그는 마지막 작품 《까라마조프의 형제》에서 그리스도를 심문하는 대심문관의 입을 통해 '자유가 신의 은총이 아니라 오히려 저주' 라며 고뇌했다. 신으로부터 선물로 받은 자유가 오히려 신의 뜻을 거역하는 데에 쓰이니 애물단지가 된 것이다. 똑같은 자유라는 이름이건만 카잔차키스에겐 삶의 에너지가 되었는가 하면 도스토옙스키에겐 고뇌의 대상이 된 것이다. 이 두 거장의 정신세계를 속속들이 알지 못하니, 활자에 나타난 이들 자유의 두 지평이 어떻게 다른지 혼란스러울 때가 있었다. 최근에야 카잔차키스 문학에 대한 새로운 평론을 접하면서 혼란을 조금 추슬렀다고 할까.

메토이소노, 즉 '거룩하게 되기'가 카잔차키스 문학의 핵심이라고 주장하는 평론가의 통찰이 신선하다.

인간 카잔차키스의 사사로운 삶을 훔쳐 본 사람들은 이 자유인이 부르짖던 자유의 발원지를 작품 밖에서 찾아 낼 수 있었다. 한번은 카잔차키스가 사랑하는 아내 몰래 한 여인과 외도하려는 유혹에 빠졌을 때였다. 갑자기 얼굴과 몸 전체에 알 수 없는 습진이 퍼져 신경정신과 의사를 찾았다. 의사는 그의 병이 소위 '성자의 병'이라고 귀띔해 주었다. 정신적인 금욕과 육체적 유혹이 극심한 갈등을 겪을 때 앓는 병이라고 했다. 남달리 강력한 영적 에너지를 소유한 그가 영혼이 원하지 않는 일을 육체가 저지르려 할 때 나타나는 증후군이었다. 카잔차키스가 작품 속에서 그토록 자유를 희구하는 까닭도 역설적으로 그의 정신적 내면이 그만큼 부자유하기 때문이 아니었을까.

카잔차키스가 소망하던 자유는 가출한 소녀의 자유가 아니었다. 그 자신 성자의 병을 앓게 될 줄 자신도 몰랐을 것이다. 카잔차키스의 내면 깊숙이 숨어있던 이 성자의 병균은 어쩌면 모든 인간의 무의식 깊은 곳에 깔려있는 '거룩함에 대한 향수'

인지도 모른다. 흔히 무소유의 자유를 말들 하지만 인간이 정말 무소유로 살아갈 수 있을까. 물질의 욕심을 버리는 선비는 대신 이름값을 소중히 여긴다. 물질과 명예의 욕심을 모두 버릴 수 있는 사람이 있다면 해탈의 욕심이 준비되어 있기 때문일 것이다. 해탈도 소유의 다른 양식일 뿐 무소유는 아니리라. 소유의 내용이 달라질 뿐 우리는 무언가를 붙들지 않으면 살 수 없다. 다만 육체에, 물질에, 인습에 붙들려 있으면서도 항상 탈출을 시도한다.

카잔차키스가 자유롭기 위해서 모든 구속으로부터 탈출해 나왔지만 탈출 후에도 유일한 억압이 있었다면 인간의 본성이었을 것이다. 인간의 궁극적 소망이 '거룩하게 되기' 라고 해도 어쩔 수 없는 피조자被造者의 속성이다. 우리는 부모의 모습을 닮고 태어나듯 우리를 만든 창조주의 모습을 닮아있을 것이기 때문이다. 카잔차키스가 성자의 병에 걸릴 수밖에 없었던 바탕이 그렇고, 도스토옙스키가 신의 뜻을 거스르는 인간의 자유선택에 고뇌했던 모습이 그렇지 않은가. 이 두 문호의 자유는 처음부터 두 개의 지평이 아니라 하나의 길 위에 포개져 있었음을 알게 된다.

책상 옆에 수북이 쌓인 스크랩 종이더미를 보면 가끔 '책을 불살라 버리라.' 는 조르바의 음성이 들린다. 이미 스크랩 해놓은 자료를 손도 못 댄 채 새로운 것들을 꾸역꾸역 스크랩하면서 내 자신이 스스로 딱하게 여겨질 때가 있다. 언어를 모아들이는 내 욕심은 어린아이의 딱지모으기 욕심보다 복잡하다. 어떤 글이 좋은 글인가. 스크랩으로 자료를 많이 모으면 좋은 글을 쓸 수 있을까? 좋은 글의 덫에 걸린 내가 점점 남의 언어에 매혹되는 사이 내 영혼은 점점 나로부터 멀어졌을지 모른다.

조르바가 두목에게 묻는다. "뭣 때문에 그 많은 책들을 읽느냐."고.

"책에는 인간의 혼미에 관해 쓰여 있지요." 두목의 대답이었다.

자유의 화신이었던 카잔차키스도 하릴없이 우리와 똑같이, 아니 자유를 신에게 반납하고 싶어 하던 도스토옙스키와 똑같이 스스로 혼미의 주인공임을 고백한 것이다.

오늘도 나는 버릇처럼, 스크랩해 놓은 종이더미 속에서 뭇 사람들의 혼미를 뒤적이며 나의 혼미를 그것에 비춰보는 것 이외에 무슨 길이 있겠는가.

빈 방 있습니까

대학로의 소극장에서 20년 넘게 해마다 크리스마스 때가 되면 어김없이 공연되는 연극이 있다. 극단 '증언'의 〈빈 방 있습니까〉라는 소품이다. 이 작품은 연극 속에서 또 연극이 나오는 말하자면 액자연극이다.

무대는 어느 고등학교의 연극반이다. 지도교사는 정신지진아인 덕구를 연극에 참여시키기로 했다. 지진아 덕구에게 단 한순간이라도 자신의 성취감을 맛볼 수 있게 해주고 싶어서였다. 그러나 단원들의 강한 반발에 부딪힌다. 덕구와 함께 무대에 서는 일은 위험천만한 일이다. 그 애는 대사를 외울 수도 없고 제대로 발음할 수조차 없으니 연극을 망쳐놓을 것이 뻔하기 때문이다. 그래도 지도교사의 간곡한 설득으로 단원들은 어쩔 수 없이 덕구를 받아들인다. 연습에 연습을 거듭한 연극은 드디어 공연날 무대에 올려진다.

예수님의 어머니 성모 마리아가 만삭의 몸으로 남편 요셉의 부축을 받으며 베들레헴의 한 여인숙 앞에 당도한다. "빈 방 있습니까?"라는 요셉의 다급한 외침을 듣고, 한참 만에 주인 덕구가 뒤뚱거리며 나타난다. "우리 집엔 빈 방이 없습니다."라는 단 한 줄의 대사를 발음하기 위해서 덕구는 단원들의 못마땅한 얼굴을 참아내며 그동안 피나게 연습을 했다. 그런데 마리아의 지칠 대로 지친 얼굴과 만삭의 배를 번갈아 보던 덕구는 얼굴이 울상이 되면서 돌연 자신의 대사를 팽개치고 엉뚱한 말을 한다.

여전히 힘든 발음이지만 "우우-리 집에 비빈 바방이 이있-으니."라며 마리아의 팔을 잡고 안으로 들어가잔다. 졸지에 연극은 엉망진창이 된다. 단원들은 발을 동동 구르며 연극을 망친 불운을 견딜 수 없어 한다. 단원들의 반대에도 불구하고 덕구를 연극에 출연시켰던 지도교사도 예기치 못했던 덕구의 대사와 행동에 당황한다. 그러나 끝내 지도교사는 연극 속에서 단원들을 이렇게 위로한다. "연극적 진실만 진실이 아니다".

아르헨티나의 작가 보르헤스의 산문 중에 〈보르헤스와 나〉라는 짤막한 수필이 있다.

"보르헤스도 나와 같은 취향을 가지고 있지만, 그것은 배우에게 주어진 인물의 성격처럼 좀 공허한 것이다. 우리들의 관계가 약간 불편하지만, 절대적이라고까지는 말할 수 없으리라. (중략) 내 생의 나머지 흔적들은 영원히 사라질 것이고, 내 생의 몇몇 순간들만이 보르헤스를 통해 살아남을 것이다. 비록 꾸며대고 과장하는 보르헤스의 못된 버릇을 내가 익히 알고 있지만, 나는 어쩔 수 없이 그에게 모든 것을 조금씩 양보하고 있다. (중략) 하지만 내게 보르헤스의 글은 다른 작가들의 글보다 더 낯설다."

간결한 수필이지만 인간의 자기정체를 고뇌한 깊이를 느끼게 해준다. 세상에 내놓은 자신의 글이 자신의 내면적 모습과 거리가 있을수록 자기의 글은 남의 글보다 더 낯설게 느껴질 것이다. 젊었을 때 영국에서 연극배우를 직업으로 가져 본 적이 있는 보르헤스는 신바람 나게 무대 위에서 극중 인물의 역할을 해냈다. 그러나 무대에서 내려오자마자 그 모든 짓거리가 가증스런 비현실이라는 것을 깨닫는 순간 그의 자아분열은 극에 달했다. 연극에서 손을 떼고 고향 아르헨티나로 돌아갔지만 그의 '나 찾기'는 쉽게 풀리지 않았다.

어찌 보르헤스의 문제이기만 할까. 내 안에 있는 수많은 나 중에서 어느 것이 진짜 나란 말인가. 무대의 연극적 언어가 아니면서도 평소에 우리는 상황과 결탁한 자기 소외적인 언어를 얼마나 자주 사용하고 있나. 자신의 복수적 정체성을 부둥켜

안은 보르헤스의 영혼이 끝내 맞닿은 곳은 동양의 선불교禪佛教였다. 모든 고통은 붙들고, 부둥켜 안는 데에서 온다는 걸 깨닫게 된다. 서양세계가 포스트 모더니즘의 선구자라고 부르는 보르헤스는 《불교란 무엇인가》라는 책을 통해서 한국의 불교계에 널리 알려진 작가다. 불교계에 뿐만 아니라 보르헤스의 문학과 철학이 특히 한국의 문단에 널리 소개된 것은 스페인에서 유학하고 돌아온 한 젊은 학자에 의해서였다.

사정이 절박한 만삭의 여인에게 방이 없다고 거절하는 일은 덕구에겐 맞지 않는 배역이었다. 그는 낯설디 낯설은 자신의 배역을 끝내 감당할 수 없었다. 성공하는 배우는 연극의 내용이 자신의 모습과 아무리 달라도 그것이 연극임을 똑똑히 알고 있는 영악한 사람들이다. 불행하게도 덕구는 연극으로부터 자신의 삶을 분리해 내는 일에 성공하지 못했다.

덕구는 연극을 망쳤지만 대신 관객을 얻었다. 그래서 20년 넘는 세월 동안 그는 무대 위에서 그토록 관객의 사랑을 받고 있는 것이리라. 모든 관객은 예외 없이 덕구처럼 자기자신에게로 돌아가고 싶기 때문일 것이다. 보르헤스의 형이상학적 '나 찾기'는 덕구의 가슴에서 육화될 수 있었다.

금년 크리스마스에도 그리고 내년에도 아니 영원히 얼마나 많은 사람들이 덕구를 만나고 싶어 모여들려는지.

식영정息影亭 뒤뜰

송강이 지은 〈성산별곡星山別曲〉의 현장, 그 성산의 끝자락 언덕엔 고즈넉하게 자리 잡은 정자 하나가 있다. 정자의 앞뜰에 서서 내려다보니 눈 아래는 광주호가 석양에 어렴풋하고 건너편엔 무등산이 듬직하다.

송강은 물론 기대승, 양산보 등 수많은 당대의 문인과 학자들이 드나들었다는 정자 식영정息影亭. 측면 두 칸, 정면 두 칸짜리 앙증맞게 작은 정자는 선비의 가냘픈 몸매를 딱 닮았다. 한 칸 반짜리 작은 방 하나와 나그네 서넛이 엉덩이를 걸칠 수 있는 툇마루가 전부다. 유적지를 답사할 때면 늘 그렇듯이, 관광객말고는 아무도 찾는 이 없는 이 쉼터에서도 까닭 모르게 길손의 마음에 애수가 서린다. 쓸쓸한 마음을 들여다보면 까닭이 없기야 하겠는가. 그 때 그 사람들이 오늘 이곳에 머무르지 않음은 멸문이나 패가의 탓이 아니다. 모든 살아 있는 것들은 우주의 운행에 따라 소멸된다는 번연한 이치를 알면서도 정자 앞에 서 있는 나그네의 마음은 매양 심란하다.

식영정의 건축은 때깔 좋게 분장하거나 기름칠로 윤택을 도모하지 않았다. 마루의 천장에 달려있는 대들보는 대패로 반듯하게 켠 목재가 아니라 약간 휘어진 어린 나무의 형체 그대로다. 정자의 뒤뜰로 발걸음을 옮겼다. 나지막한 성산의 기슭에 정자만큼이나 키가 작은 소나무들이 곰실곰실 모여있다. 정자의 뒷벽은 성산의 소나무 숲자락과 이어질듯 가깝다. 뒷벽이래야 그 폭이 어른 발걸음으로 서너 걸음을 넘지 못할 것 같다. 그 좁디좁은 벽면을 가로 세로 나무를 질러 칸을 나누었는데 그 칸의 넓이가 똑같지 않다.

작은 것을 나누되 되바라지게 등분하지 않았다. 완벽함을 추구하지 않은 몸 낮춤이랄까. 이 작은 정자의 뒷벽을 바라보고 있는데 나도 모르게 마음이 겸손해진다. 기울어짐이 없는 딱 부러진 균형은 부자연스럽다. 신은 절대로 한 인간에게 무결無缺의 갖춤을 허락하지 않는다는 것, 그것이 곧 자연의 원형일지 모른다. 균형이 깨진 일그러짐이 오히려 더 친근하게 느껴짐은 나이 들고서부터다.

박두진 시인의 수석水石 모으기는 도道의 경지였던 것 같다. 물가에서 돌을 줍던 시인은 스스로에게 이렇게 물었다. '자연 자체는 어떤 의지나 의도가 없이 그냥 되어진 결과인데 어떻게 인간이 영혼을 다 바쳐 만드는 창조성을 능가하는 것일까.' 시인의 물음대로 인간의 창작이 제아무리 치열해도, 제멋대로 생긴 돌 하나의 자연미를 따르지 못함은 정말 알 수 없는 일이다.

모자라는 듯 아쉬운 듯 균형이 기울어진 불균형이야말로 신이 인간에게 허락한 본래적 균형이라고 믿고 있기에 때로는 신으로부터 너무 많다 싶은 선물을 받을 때 오히려 두려워진다. 두려움을 덜기 위해서는 가진 것을 덜어내어 균형을 조금 일그러트려야 한다. 처음부터 신이 나를 시험하기 위해서 던진 선물이 아닐지라도 축복받는 마음가짐 때문에 자칫 시련을 자초하는 때가 있다.

조상으로부터 물려받은 조그만 임야가 개발지역이 된다는 소식에 마음이 어수선했다. 내 스스로 원한 것은 아니지만 조상의 체온이 묻어있는 땅에 무슨 변고가 생기는 것 같아 일을 저지르는 기분이었다. 그러면서도 공사가 끝나면 내 손에 들어오게 된다는 뜻밖의 작은 횡재에 귀가 솔깃했다. 행운을 바라는 마음을 물리칠 수 없으면서도 한편으로는 행운의 주인공이 되는 것에 가느다란 두려움을 떨쳐버릴 수 없었다. 공사가 지지부진하게 비틀거리기 이전부터 횡재는 나에게 맞는 옷이 아니라는 자기암시가 없었던 건 아니었다.

일상의 자그마한 평화도 때로는 축복으로 느껴질 때가 있다. 합당한 노력 없이 받기만 하는 평화를 은총이라고 부른다. 은총에 빚진 사람의 어깨에 새로운 행운을 더 얹는다면 필시 새로운 행운은 내가 이미 갖고 있는 자그마한 평화를 밀쳐내고서야 들어설 자리가 있을지 모를 일이다. 세상에서 흔히 말하는 행운이라는 것이 언제나 준비된 사람에게 오는 건 아니다. 로또복권에 당첨되어 행운을 덥석 거머쥔 사람이 얼마 안 가 오히려 그 전보다 더 불행한 삶을 사는 것을 볼 때가 있다. 준비되지 않은 사람에게 찾아오는 횡재는 행운이 아니라, 예측하지 못한 변화에 봉착하는 것이니 글자 그대로 봉변逢變이 될 수도 있음이다.

주위의 모든 친지들이 몇 번씩 뒤집고 또 뒤집어서 강남의 고급 아파트에 정착하는 동안 나는 30년 넘게 강북의 이 단독주택에서 게으름을 누리며 살고 있다. 골목 안의 이 낡은 집이 특별히 쾌적하거나 안락할 것이야 없다. 이 집을 떠나지 못하는 나의 주변머리 없음도 속을 들여다보면 행운을 두려워하는 콤플렉스에 발목 잡혀 있음을 느낀다. 하나를 가지면 다른 하나를 놓칠까봐 겁내는 심리구조는 겸손이 아니라, 딴에는 소중하다고 여기는 작은 것들에 대한 집착이기도 하다. 도전에 서투른 앉은뱅이꽃은 자신이 뿌리박고 있는 흙을 하늘로부터의 소여所與라고 믿으며 방해받지 않는 태양빛을 고마워한다.

뜻밖의 불로소득이 행여 화禍가 될까 가녀린 두려움이 있었던 까닭은, 밖에 있지 않고 내 안에 있었다. 행운의 주인공이 되기 위한 조건은 하루아침에 이루어지는 이벤트성 준비가 아니라 한 개인의 삶 전체가 곧 그 준비과정이어야 한다고 믿기에, 가고 오는 행운에 그리 연연하지 않는 편이다. 건강, 명예, 돈 모든 것을 한 손에 거머쥐려고 질주할 때 덩달아 따라오는 자신의 그림자를 어찌할 것인가. 그림자는 언제나 본형을 따라가기 마련이다. 인과의 법칙은 그림자만큼이나 예외 없는 진리이거늘.

'그림자를 쉬게 한다.' 는 정자 식영정息影亭 의 작은 뒤뜰에서, 석양에 드리워진 길다란 내 그림자가 눈치 없이 따라오는 불청객 같았다.

연금술사의 유전자

미국으로 유학 간 한국의 신학대학생이 새벽마다 학교 안의 텅 빈 예배실에서 찬송가를 부르며 소리 내어 기도했다. 인내력을 가지고 지켜보던 미국인 친구가 귀띔하더란다. '사람들이 너를 조금 이상한 사람으로 본다.' 고. 그 후부터는 어쩔 수 없이 자기 방에 들어앉아 새벽예배를 드렸다는 어느 신학교수의 유학시절 회고담을 들은 적이 있다.

2천 년이 넘는 서양의 기독교보다 2백 년이 안 되는 한국의 기독교가 더 초심을 간직하고 있어서일까. 이 땅에선 새벽미사나 철야기도에 참여하지 못하는 사람은 자신의 게으름을 탓할망정 찬송하는 예배자들을 별난 사람으로 취급하진 않는다. 기독교만이 아니다. 발이 닿는 도회지의 사찰에도 불교신자들이 그야말로 구름처럼 몰려든다. 우리나라의 불교신자는 어림잡아 1400만, 개신교가 약 1000만, 가톨릭이 약 400만 명이라는데 사람들은 이 통계를 황금비율이라고 부른다. 이름을 가진 종교뿐이 아니다. 계룡산 골짜기엔 도道를 닦는 데에 도가 튼 이름 없는 구도자들의 발길이 끊이지 않고 있다지 않나. 문제 많은 세상에 수행자도 많이 생기는 법이라지만, 어쨌든 한국인은 영적으로 연금술사의 DNA를 많이 갖고 태어난 것 같다.

파울로 코엘료의 《연금술사》가 한국에서도 연일 베스트 셀러의 선풍을 일으켰다. 가장 많이 팔리는 책이 꼭 가장 좋은 책은 아니지만, 20세기 최고의 영적 구도서라고 회자되는 이 책의 명성이 궁금했다. 1947년에 태어난 젊은 코엘료가 불로장생의 묘약을 구하고, 쇠를 금으로 만들려고 연금술에 빠졌었다니 좀 별난 현대청년이었다. 그는 35세 때 비로소 연금술의 참 스승을 만나 혹독한 정신감응 훈련을 받은 후에야 진짜 연금술로 입문하게 되었다. 연금술은 구리나 납을 오랫동안 가열하여 금으로 바꾸는 기술이 아니었다. 불로장생의 액체를 구하는 작업도 아니었다. 금속을 정제하기 위한 불꽃을 끝없이 바라보며 삼매에 들다 보면 금속이 정제되기 전에 사람이 먼저 정화된다.

우주의 중심을 향해서 정신을 몰입하는 수련이 서양의 연금술이라면, 연금술사의 불꽃은 우리네 선방禪房의 선사들이 붙들고 있는 '화두'가 아닐까. 연금술사가 궁극적으로 찾고 있는 '현자의 돌'은 노자가 끊임없이 그 '있음'을 증거하는 도道를 닮은 것 아닌가 어설피 떠올려 보기도 한다. 참선의 도량에도, 노자의 《도덕경》에도 치열한 연금술의 에너지는 충일되어 있으련만 공기 속에서 공기의 고마움을 모르듯 가까운 것에는 늘 덤덤했다. 동양의 고전을 접할 기회가 별로 없고 오로지 과학과 이성으로 훈련된 서양인에겐 코엘료의 《연금술사》가 신비의 메시지일 수도 있을 것 같다. 동양인인 우리가 서양인의 《연금술사》에 덩달아 새삼 매료되고 있으니 연금술사의 신통력이 대단하긴 대단한 모양이다.

코엘료의 《연금술사》가 서양에서 그토록 바람을 일으킨 것은 시대와의 맞물림이란 생각도 든다. 얼마 전 베르린에 갔을 때였다. 시내 중심가에 있는 빌헬름교회는 2차대전 때 파괴된 건물의 살점 하나를 그대로 세워 둔 채 바로 옆에 새 건물을 지은 꽤 알려진 교회다. 마침 예배시간을 알리는 종소리에 발이 끌려 안으로 들어가 보니 나 같은 행인 몇 사람이 교회의 기념물을 둘러보느라 서성거릴 뿐, 제단 앞에 앉은 사람은 다섯 명도 안 된다. 그것도 노인뿐이었다.

썰렁하기 이를 데 없는 교회를 빠져나와 조금 걷다보니 거리 한 모퉁이에서 퍼포먼스가 한창이다. 대학생 같아 보이는 젊은이들이 인도의 요가 같은 동작을 따라하느라 꽤 진지하다. 조금 전 들렀던 텅 빈 교회와 너무나 대조를 이룬다. 오랜만에 유럽을 찾은 나에겐 적지 아니 낯설었다. 세상은 돌고 돈다더니 서양의 젊은이들이 동양을 따라하는 것이 어느새 전위前衛의 몸짓이 되었구나. 거리의 퍼포먼스는 언제나 아방가르드의 전유물이니 말이다.

지구 곳곳에서 불고 있는 오늘의 한류바람에 처음엔 우리 스스로 영문을 몰라 어리둥절했다. 한류가 왜 이 시대에 세계 각처에서 그토록 주목을 받는지, 그리고 코엘료의 《연금술사》가 왜 베스트 셀러가 되고 있는지는 하나의 대답으로 꿸 수 있지 않을까. 이성과 과학에 식상한 오늘의 포스트모더니즘은 신비의 세계를 향한 인류의 목마름에서 왔을지 모른다. 미국으로 유학 간 신학생으로부터 계룡산 골짜기의 수행자에 이르기까지 한국인의 옷자락에 붙은 수많은 종교의 명찰들을 떼고 나면 가슴속엔 한류 하나만 남을 것이다. 한국인의 종교와 예술 속에 짙게 깔려있는 정신적인 멋, 그것은 무슨 대단한 철학에서 나온 것도 아니고 이름 붙일 만한 무슨무슨 엄청난 사상도 아니다.

정화수 한 그릇 떠놓고 일월성신을 향해 간절히 빌고 또 빌던 우리네 어머니와 할머니의 영적 에너지, 그것이 한류의 모천이라고 믿고 있다. 그 에너지는 지금도 여전히 우리의 핏속을 흐르고 있지 않은가. 자녀들의 입학시험날 닫혀진 교문 밖에서 두 손 모아 기도하는 어머니들. 자녀와 가정을 위해서 백일기도 천일기도를 드리며 영혼의 불꽃 앞에 꼼짝 않고 앉아 있는 연금술사들, 그들이 한국의 어머니다. 무엇인가를 진실로 간절히 원할 때 우주에 가득 찬 만물의 정기가 그들 연금술사를 도와준다고 했다. 간절한 마음은 마음을 비운 초심에서만 온다. 주일무적主一無適의 유가적 수행도, 일이관지一以貫之의 오롯한 불심도 모두 초심으로 돌아가는 고행의 길이다.

나에게도 초심을 향한 몸짓의 시간들이 없는 것은 아니다. 여행은 나를 만나기 위한 아니 나를 놓아버리기 위한 순례의 길이다. 일상 속의 익숙한 공간은 나의 감정과 사유를 무서우리만치 자기 편으로 만들어 버린다. 근기 낮은 내가 주위환경의 세뇌를 벗어나는 길은 연금술사의 삼매도 아니고 선사의 화두도 아니다. 가족들이 들으면 섭섭하겠지만 나는 여행을 마치고 공항에 도착하는 순간 되짚어 또 다른 여행을 시작할 수만 있다면 포기하지 않고 떠날 것 같다. 앉은 곳에 정좌하지 못하고 늘 떠나야 될 것 같은 과객의 서성댐은 나와 영원히 동반할 것임을 알고 있다.

여행지에서는 모든 것이 낯설다. 가장 낯설게 느껴지는 것은, 낯선 것들로 둘러싸인 나 자신이다. 그곳에선 굳이 초심의 존재회복을 위한 연금술사의 불꽃을 댕기지 않아도 된다. 연금술사인 코엘료가 산디아고 여행을 다녀온 후 문학에 입문하게 되었다는 소식은 나에게 여행의 의미를 되새기게 해준다. 문학이란 어차피 태초의 인간 모습을 복원하기 위한 끝없는 시도가 아니겠는가.

여행에서 얻을 수 있는 보너스는 또 있다. 여행에서 집으로 돌아오는 순간 모든 옛것이 새롭다. 집 앞 골목길이 낯설다. 벽에 걸린 그림도 부엌의 식탁도 모두 '새것'의 신선함을 안겨준다. 이 존재회복의 치유는 여행에서 돌아오는 사람에게만 주어지는 소중한 여행선물이다. 여행이 즐거운 것은 돌아올 집이 있어서라고 말들 한다. 익숙했던 일상이 베일을 벗는 새로운 공간, 낯설음의 회복이 나를 기다리고 있는 집이라면 더욱 그럴 것이다.

코엘료의 《연금술사》는 책 속에서 이집트의 피라미드로 가는 여행을 선택했다. 서양인들에게 이집트는 오리엔트로 가는 관문이다. 이집트의 피라미드는 서양인들에겐 아직도 신비 그 자체다. 코엘료가 오리엔트의 가장 동쪽 끝 한국 땅에서 그 많은 연금술사들을 만나 본다면, 자신의 책 《연금술사》의 모델들을 이곳에서 찾지 않은 것을 아쉬워할 것 같다

문명인의 부적符籍

호주 원주민 오스틀로이드족의 삶을 소개한 《무탄트 메시지》를 나에게 추천해 준 분은 가톨릭의 신부님이었다. 종교서적이 아니면서 읽는 이의 영혼을 절대자 앞에서 만큼이나 발가벗게 하는 책이었다.

호주에서 자연예방의학을 공부하며 의료활동을 하고 있던 미국인 여의사 모건은 어느 날 원주민들의 초대를 받고 무척 기뻤다. 호기심에 찬 그녀는 통역자의 지프를 타고 먼지를 뒤집어쓰며 내륙의 사막에 있는 원주민들의 거주지를 향해 달린다. 창고같이 생긴 오두막집엔 스스로 '참사람 부족'이라고 부르는 60여 명의 남녀 원주민들이 손님을 기다리고 있었다. 그러나 그녀가 궁금해 하던 원주민들의 요리를 차려놓은 식탁 같은 것은 보이지 않았다. 그들은 곧 손님을 데리고 대륙횡단여행을 떠날 참이었다. 원주민들의 이 계획을 손님만 모르고 있었으니 초대가 아니라 선의의 납치였다.

여행을 떠나기 전 손님을 위한 정화의식이라는 것이 진행되었다. 손님은 원주민들과 똑같이 담요처럼 생긴 한 장으로 된 낡은 천으로 몸을 가리도록 권유 아닌 명령을 받는다. 원주민 여자 하나가 악의 없는 미소로 여의사와 눈을 맞추더니 손님이 지녔던 모든 것을 몽땅 모닥불에 던져버리는 것이 아닌가. 초대를 받고 적지 않은 돈을 투자해서 장만한 투피스와 구두, 국제운전면허증과 노란 호주지폐가 들어있는 핸드백, 원주민들의 삶을 담아가려고 준비해 온 카메라, 다이아몬드가 박힌 손목시계 등 그녀의 몸으로부터 모든 것이 떨어져 나갔다. 말 그대로 정화의식이었다.

여의사 모건은 이 정화의식이라는 것에 현기증이 나도록 놀랐으면서도 왜 항의하며 모닥불로부터 자신의 소지품들을 끄집어 내지 않았는지 지금도 알 수 없다고 회고한다. 물질에 대한 애착, 관념에 대한 집착을 가차 없이 떼어버리는 순간에야 비로소 참다운 인간으로 거듭날 수 있음을 깨달은 것은 그녀가 원주민들과 함께 수개월 동안의 여행을 마치고 난 후의 일이었다. 보름달이 세 번 찼다가 기울어지는 넉 달 동안 원주민들과 함께 걸었던 사막의 여행에서 다이아몬드 박힌 금줄 시계 같은 것은 조금도 필요하지 않더라고 했다.

원주민들처럼 맨발로 사막 위를 걷던 백인 여의사가 발바닥의 고통을 호소할 때 그들은 여의사에게 '무탄트' 라는 별명을 지어주었다. 무탄트는 원주민 언어로 돌연변이라는 뜻이다. 이제 그녀의 이름은 모건이 아니라 '돌연변이' 가 되었다. 인간이 정글에서 맨발로 사냥을 해서 먹고살던 시대가 그리 오래되지 않건만 우리의 발바닥 세포는 발빠르게 진화해서 돌연변이를 일으켰다. 고급신발을 신고 아스팔트를 사뿐사뿐 걷는 동안 돌연변이들의 발은 점점 정글의 감각을 잃게 되었다.

원주민들은 사막을 횡단하는 동안 식량이나 잠잘 텐트를 지고 가지 않았다. 먹을 것도 입을 것도 걱정하지 말라는 성경말씀은 곧 이들의 삶이 아니던가. 섭씨 40도가 넘는 기후에 물도 음식도 없이, 모든 것을 자연이 주는 대로 받아먹는다. 곤충을 만나면 곤충을, 나무열매를 만나면 열매를 먹지만 언제나 다 먹어치우는 법이 없다. 번식을 위해서 필요한 것만큼 남겨놓으며 그 때마다 먹이에게 감사한다.

원주민들의 감사하는 마음은 매일 경전을 읽는 우리보다 더 진하다. 그들에게 기독교를 전도하려던 백인 선교사들이 식사하기 전 2분간 감사기도를 드리라고 했을 때 그들은 의아했다. 감사하는 마음은 그들의 혈관 속을 돌고있는 유전자 형질만큼 당연한 것인데 2분간만 감사하라니. 더 많이 감사해야 할 사람은 선교사들이라고 생각했다.

200여 년 전 영국 안에 죄수가 넘쳐 감옥이 모자라게 되자 족쇄가 채워진 죄수들은 호주대륙으로 이송됐다. 조용하던 호주 땅에 평화가 깨진 것은 이 때부터다. 백인들은 원주민들이 수만년 동안 살아온 기름진 땅을 빼앗아 자기네 소유의 밀밭과 목장으로 만들어 버렸다. 초원을 빼앗긴 원주민들은 황무지의 오지로 갈 데까지 밀려갔지만 아무리 힘들어도 그들은 문명에 동화되지 않았다. 자연을 배반한 대가로 온갖 고통에 시달리는 돌연변이들의 변종증후군을 뻔히 알고 있는 원주민들은 절대로 문명세계로 진입하려 하지 않았다. 평소에 원주민들에게 호의적인 미국인 여의사 모건을 이번 횡단여행에 강제로 참여시킨 데에는 사연이 있었다.

인간이 문명의 독을 먹고 무탄트가 된 지는 기껏 수백 년에 지나지 않지만, 원주민의 삶은 오만 년 전으로 거슬러 올라간다. 그들은 오만 년 전의 그 사막을 지금도 맨발로 걸어서 이렇게 횡단하고 있는 것이다. 시시각각 조여오는 문명의 압박에 굴복하느니 차라리 지구상에서 스스로 소멸되어 없어지기로 결심한 이들은 더 이상 결혼도 하지 않고 종족도 잇지 않기로 했다. 이 멸종의 결단을 세상에 알리고 지금까지의 참삶을 인류의 역사에 기록하기 위하여, 증인이요 목격자로서 백인 여의사 모건을 이번 여행에 동참케 한 것이다.

사막의 지평선 위엔 모건과 60명 원주민의 저벅저벅 발걸음 소리뿐이었다. 그녀는 언어가 없는 침묵 속에서 원주민들이 주고받는 텔레파시의 소통을 보았다. 30킬로미터쯤 떨어진 곳에서 한 원주민 청년이 캥거루를 잡았는데, 메고 가기가 너무 무거우니 꼬리를 잘라도 되겠느냐고 족장에게 물어왔다. 텔레파시로 의사소통이 이루어지는 것이 문명인 모건에겐 몹시 신기했지만 그 '절대의 침묵' 속에서 감히 소리 내어 물을 수가 없었다. 나중에 통역자가 모건에게 설명해 주었다. 원주민들의 마음속엔 숨길 것도 거짓말도 들어있지 않기 때문에 마음이 완전히 열려있다고 했다. 마음이 온전히 열려있을 때에만 텔레파시의 소통이 가능하다고 했다. 그러나 거짓말을 모른다는 말이 무탄트에겐 거짓말처럼 들렸을지 모른다. 마음이 완전히 열려있다는 말도, 마음을 굳게 닫고 사는 문명인이 어찌 완전히 이해할 수 있을까.

호주의 백인들은 원주민을 '재커루' 라고 부르며 캥거루에 가까운 야만 취급을 했다. 그러면서도 원주민들의 초자연적인 힘에는 은근히 두려움 같은 것을 느꼈다. 백인들이 경영하는 목장에서 가끔 원주민이 양을 훔쳐가도 백인들은 경찰에 신고하지 않는다. 원주민들이 하는 일은 우주의 허락을 받은 행동일 것이라고 믿는 눈치였다. 그러니까 백인들에게 원주민은 야만인인 동시에 미지의 세계와 접속되어 있는 영적 존재였다.

종족의 단절을 선택할망정 문명에 합류하지 않겠다는 호주 원주민들은 문명을 마치 자신들의 생명을 빼앗아 가는 독약쯤으로 두려워했다. 그러나 문명인들에게 원주민은 독약 같은 존재가 아니다. 원주민들의 원시적인 생활방식이야 따라할 수 없고 동의할 수 없지만, 여의사 모건만 해도 원주민들의 가슴속에 숨 쉬고 있는 무구無垢한 영적 에너지를 얼마나 부러워했던 가. 그것은 우리가 태어날 때 우주로부터 공짜로 받은 선물이 었다. 원주민들의 삶에서 여의사 모건이 그토록 감동을 느낀 것도 그녀의 잃었던 영혼이 되살아나는 신비체험 이외에 다른 것이 아니었으리라.

어느 시인의 말대로, 우리는 기술과 예술을 모두 art라고 발음하지만, 기술만으로는 예술이 될 수 없다. 예술이 되려면 자연을 얻어야 한다. 흔히 자연이 묻어있지 않은 문명인을 '속된 교양인' 이라고 부르는 까닭이다. 내 안의 속기俗氣를 털어내는 길은 자연과 은밀한 사랑을 나누는 길밖엔 없다. 호주 원주민들이 지상에서 영원히 사라진다 해도 우리들 무탄트들은 여전히 원주민들의 때 묻지 않은 영혼을 부적符籍처럼 가슴에 지니게 될 것이다.

동물의 멸종에는 호들갑을 떠는 세상이 어찌하여 사막에서 자멸하는 원주민들의 비장한 결심에는 속수무책이란 말인가.

생각 따로 말 따로

학기말이 되면 자신의 학점이 생각했던 것보다 덜 나왔다고 문의하는 학생이 간혹 있다. 학생의 짐작이 맞다. 특히 주관식 서술형이 아닌 외국어의 경우는 시험 본 당사자의 채점이 어지간히 맞아떨어진다. 그럴 때마다 나는 '딴사람들이 시험을 잘 보면 본인의 점수가 내려가고, 딴사람들이 시험을 못 보면 본인의 점수가 올라간다.' 는 상대평가의 성적 산출근거를 설명해 주어야 한다. 설명을 듣고 난 학생은 체념이 빠르고도 명료하다. 그럴 적마다 마음이 우울한 건 오히려 내 편이다.

이미 수없이 많은 상대적 경쟁의 터널을 지나 대학에 들어온 학생들에게 상대평가라는 잣대는 그들이 호주머니에 넣고 다니는 핸드폰의 존재만큼이나 친숙하고도 당연한 것 같다. 나의 능력, 나의 노력대로가 아니라 옆 사람의 그것에 따라 나에 대한 평가가 달라져야 하는 우연성에 그토록 친숙하게 된 학생들이 애처롭기까지 하다.

세계 최초로 에베레스트 산 정상에 오른 영국의 힐러리라는 등산가는 네팔의 셀퍼 출신 텐징과 정상까지 동행했는데 둘 중에 누가 최고봉의 바위에 한쪽 발을 먼저 올려놓았는지 아무도 목격한 사람이 없다. 당시 세계의 언론들은 영국의 힐러리를 세계 최초의 에베레스트 정복자라고 보도했지만 시간이 지나면서 텐징이 자신이 힐러리보다 한 발 먼저 정상의 바위를 밟았다고 주장해서 국제적 분쟁으로 이어진 적이 있다고 한다. 등산가가 아닌 나의 눈에는 한 발을 먼저 정상의 바위에 올려놓았다는 사실이 등산가의 능력다툼을 판가름할 만한 척도라고 여겨지지 않는다. 그런데도 나라와 나라가 그 문제를 놓고 분쟁을 일으킬 만큼 매달렸다면 무엇이 인간을 이렇게 본질이 아닌 것에 집착하게 했는지 궁금하지 않을 수 없다.

대중은 자신의 내부에 존재하지 않는 영웅을 밖에서 찾으려는 집요한 욕구를 가지고 있는 것 같다. 그러기에 그들은 언제나 일등을 뽑아내려고 열광하는 게 아닐까. 때로는 제비뽑기의 일등이건 심지어는 능력의 순서가 뒤바뀐 오류의 일등이건 상관하지 않는다. 그러면서 일등에게 주어지는 이 열광적인 갈채에 스스로 주인공이 되고 싶은 강한 매혹을 느끼기도 한다. 저마다 일등을 향해 온몸을 던져 질주하는 걸 보면 알 수 있다.

대상의 본질보다는 상대평가의 눈금에만 시선을 고정시키

는 대중의 기호는 영웅을 선택할 때보다 악인을 낙인찍을 때 더욱 두드러진다. 건국 이래 가장 참혹한 사고였다는 삼풍백화점 붕괴 때였다. 연일 사망자의 발굴 작업이 이어지고 세상은 온통 분노와 슬픔으로 호흡을 고르지 못하던 때였다. 응징의 대상은 물론 백화점의 소유주였다. TV에서는 여론을 반영하는 특별간담회가 열렸다. 사고를 바라보는 대담자들의 시각은 거의 같았다. 인명보다 돈을 택한 파렴치요, 부도덕이라고 질타했다.

오직 출연자 중 작가 한 분의 말은 달랐다. "매일매일의 매상고 4억이라는 돈은 눈으로 볼 수 있는 확실한 현실이고, 건물의 하자로부터 발생할 수 있는 사고는 하나의 개연성이었다. 나라면 과연 그날 4억을 포기하고 백화점 문을 닫았을까 자문해 보았지만 어느 쪽을 택했을지 자신이 없다." 분노한 세인들이 백화점 주인에게 던지던 돌을 이 작가에게 던지지나 않을까 두려울 만큼 분위기로 보아 그의 말은 파격이었다.

대담자의 이 굴절 없는 자조自照적 언어는 간음한 여인에게 돌을 던지는 군중을 향해서 '누구든 죄 없는 자가 그녀에게 돌을 던지라.' 고 한 성경구절을 연상케 했다. 돌 맞는 여인보다 자신의 행실이 조금 낫다고 자부하며 돌을 던지는 군중에게, 성경은 자기자신에 대한 상대평가를 허용하지 않는다. 흉악한 자 옆에 악한 자가 있으면 악한 자도 제법 괜찮아 보인다는 셰익스피어의 명언처럼 인간에 대한 상대평가라는 것은 정말 믿을 것이 못 된다.

TV에 출연했던 그 작가는 자신의 책에서 이렇게 고백한 적이 있다. "자신의 작품에 대한 가장 열렬한 독자는, 그리고 가장 '정확한' 평가를 내릴 수 있는 독자는 바로 자기 자신이다. 만일 자신이 표현하고자 한 것 이상으로 자신의 정신세계를 평가해 주는 독자가 있다면, 비록 호도하려는 의도가 없었다 해도 그것을 받아들일 수 없다." 이 정직한 작가정신을 접하면서 나는 늦게나마 문학도가 된 것을 퍽 행복하게 생각한 적이 있다. 그리고 작가가 말한 '정확'이라는 과녁이 궁금했다. 대가의 정신세계를 꿰뚫어 볼 만한 안목이 내겐 없지만 짐작건대 그것은 옆 사람과 비교해서 자신이 얼마나 나은지 못한지를 가려내는 위상位相의 서열은 아닐 것 같다.

우리의 정신과 영혼이 지향하고 있는 그 '선험의 세계'는 옆 사람과 경쟁해서 닿을 수 있는 곳이 아니잖은가. 그 길은 혼자서 걸어야 하는 외로운 길이다. 진리를 향한 옆 사람의 성적표에 따라 나의 점수가 오르락내리락할 수는 없는 노릇이다. 우리는 영원히 그 곳에 이르지 못할 것을 알면서도 끊임없이 그리로 향해 걷고 있는 하릴없는 시지프의 후예들이다. 그 길 말고는 다른 구원의 길을 알지 못하기 때문이다. 그리로 향해 정진하는 작가의 '정확한' 자기 평가도 물론 절대평가이지 상대평가는 아닐 터다.

만일 이번 학기에도 자신이 생각한 것보다 점수가 덜 나왔다고 문의하는 학생이 있으면 나는 또 다시 상대평가의 허구성이 아니라 짐짓 그 합리성을 설명해 주어야 한다. 생각과 말이 달라야 할 일이 어찌 이뿐일까만은.

자신이 생각했던 것보다 점수가 너무 잘 나왔다고 신고한 학생은 아직 없지만 분명 그렇게 생각한 학생들은 있었을 것이다. 점수가 덜 나왔다고 문의한 학생에게나 똑같이 나는 이런 학생들에게도 평가를 잘못하기는 마찬가지였다. 비록 호도하려는 의도가 내게 없었다 해도.

하느님의 물레방아는 천천히 돈다

환자는 고통을 호소했지만 의사의 청진기에는 아무 것도 잡히지 않는 모양이다. 젊은 여의사의 시선이 곱지 않다. 꾀병 환자로 의심하는 눈치가 역력하다.

1960년대 당시 경제성장의 깃발을 휘날리던 독일은 약 400만의 외국인 근로자를 불러들였다. 그리스, 터키, 이태리, 스페인 등 유럽의 주변국들로부터 노동자들이 구름처럼 몰려들었다. 이 모든 나라들은 한때 인류문명의 정상에서 지구의 반쯤을 지배하던 영광의 나라들이 아니었던가. 그 옛날 로마의 전성기 때는 변방의 야만국에 지나지 않던 독일 땅으로 옛 로마인들이 이토록 운집하게 될 줄을 역사는 알고 있었을까. 돌고 도는 역사의 수레바퀴 앞에서 현기증이 나지 않는 까닭은 인간의 걸음보다 역사가 조금 느리게 달리기 때문일 게다. 한 집안의 가운이나 국가의 국운은 조금만 시간을 두고 돌아보면 참으로 신비롭고도 두렵다.

60년대 초 절대빈곤의 질곡에서 몸부림하던 한국의 젊은 이들도 독일의 루르탄광으로 달려갔다. 일만여 명의 한국 간호사가 독일로 파견되어 독일 전역의 병원에서 일하던 것도 그 즈음이다. 400만의 외국인 근로자 속엔 수만 명의 한국인도 있었기에 독일 땅에서 한국인의 얼굴도 그리 낯설지 않을 때였다.

단순한 노동가치를 화폐와 맞바꾸는 외국인 근로자들 중에는 당시 복지국가의 의료보험 혜택을 기화로, 기회만 되면 일하지 않고 돈만 받으려는 사람도 없지는 않았을 것이다. 하지만 의사가 사이비 환자를 골라내는 일은 공장에서 불량품을 골라내는 일보다는 훨씬 겸손했어야 했다. 창조주의 비밀정보로 채워진 인간의 정신과 몸을 어찌 기계의 부품을 다루듯 과학의 손으로만 다스리려 하는가. 병변이 눈에 보이지 않는 환자의 고통 앞에서 의학은 안타깝게도 속수무책이다. 그래서 오늘날 글자 그대로 의학을 대신할 만한 대체의학이 생겨났을 것이다.

내 몸속의 병을 잡아내지 못하는 의사에게 이방인인 나는 업둥이 같은 귀찮은 환자였을 것이다. 오늘날 아프리카의 케냐만큼도 못사는 '코레아'에서 온 젊은 여인의 가슴에 여의사의 거침없는 홀대가 불화살처럼 꽂혔다. 몸에 화살이 꽂힌

얼룩말이 비틀거리듯, 창백해진 나의 영혼도 비틀거렸다. 순간적으로 진찰받기를 거부하고 병실 문을 뛰쳐나오고 싶은 충동을 느꼈지만 다행인지 불행인지 느낌대로 몸이 움직여주지 않았다. 참고 견디어 내자고 스스로에게 다짐한 건 아닌데 우리의 느낌과 행동 사이에는 습관이라는 안전지대가 있는 모양이다.

만일 내가 그 날 진료실 문을 박차고 나왔다면 어려움을 당할 사람은 환자인 내가 아니라 독일인 의사였을 것이 확실하다. 당시 독일국민의 정서 속에는 지울 수 없는 히틀러 콤플렉스가 자리잡고 있었다. 국립대학의 종합병원 안에서 외국인 환자를 노골적으로 차별하는 의사는 시대를 읽지 못하는 아둔한 지식인이라고 눈총을 받을망정 튀는 애국자로 각광받을 시대적 분위기가 아니었다.

결국 내 병은 더욱 악화된 후이긴 하지만 다른 도시의 종합병원에서 원인이 밝혀질 수 있었고, 건강을 되찾기까지 독일병원과 의사들에게 많은 은혜를 입었다. 그뿐인가. 학업을 중단하고 호구를 위해 독일인들 틈에 끼여 막노동을 하던 그때, 똑같은 일을 하는데도 학생 남편을 둔 나는 독일인 동료들보다 월등히 높은 월급을 받았다. 세금을 거의 떼지 않는 내 월급이 그들보다 많은 것은 복지국가의 법에 보장된 혜택인데도, 돈을 더 많이 받는 것이 동료들에게 미안해서 일을 더욱 열심히 했던 기억이 생생하다.

1989년 베르린 장벽이 무너지고 독일이 통일되는 모습을 보며 생각했다. 기회는 준비된 사람에게만 온다고 했던가. 선대가 저지른 죄업을 씻김굿 하듯 씻어내려고 그들은 진정으로 참회하며 기다렸다. 동료들보다 두툼했던 나의 월급봉투가 고마워서만은 아니다. 갖가지 복지혜택에서도 외국인 근로자는 내국인 근로자와 똑같은 법적 권리를 가졌었다. 독일정부는 인간의 양심이 무엇인지, 국가의 품위가 무엇인지 만천하에 보여주었다. 나를 홀대했던 젊은 여의사는 세상물정을 모르거나 아니면 자신의 성질머리를 제어하지 못하는 철부지 지식인이었을 것이다.

요즘 국내에서 일어나는 외국인 근로자에 대한 뉴스를 보고있자면 착잡하고 괴롭다. 불과 수십 년 전 외국에서의 고달픈 노동을 그 누구보다 뼈저리게 체험한 한국인이 그동안의 노력으로 외국인들에게 코리언드림을 심어줄 만큼 알려진 나라가 되었다. 현재 한국 땅에서 일하는 40만 명의 외국인 근로자 중에서 30만 명이 불법체류자라면, 법을 속속들이 모르는 사람도 그 법이 옳은 법이 아니라는 걸 쉽게 알 수 있다. 법을 지키는 사람보다 지키지 않는 사람이 이토록 많은 법이라면, 사람을 고칠 것이 아니라 법을 고쳐야 하지 않겠는가. 경제와 기업 안에서 일어나는 어려움을 외면해서가 아니다.

그동안 불법체류자라는 낙인 때문에 외국인 노동자들은 인간답게 살 수 있는 최소한의 인권조차도 포기해야만 했다.

임금을 받지 못하고, 일터에서 상해를 당하고, 작업현장에서 사고로 죽기까지 하면서도 불법체류자이기 때문에 제대로 보상을 받지 못하는 그들의 사정을 접할 때마다 알 수 없는 두려움으로 가슴이 어두워진다. 단지 우리의 화폐가치가 중국보다 조금 높고 방글라데시보다 많이 높다는 이유 때문에 지금은 외국인 노동자가 몰려오고 있지만 머지않아 중국이 우리보다 국민소득이 높아진다면, 그리고 방글라데시가 한국이 60년대의 가난에서 벗어나듯 이보란 듯이 잘사는 나라가 된다면 우리에게 남는 것은 무엇인가.

외국인 노동자들이 한국을 떠나 고국으로 돌아간 후 한국인과 한국에 대하여 무엇을 기억하게 될까. 오랜 세월이 흘렀는데도 내 가슴속에 아직도 생생하게 각인되어 있는 그 여의사의 얼굴처럼, 얼마나 많은 한국인의 얼굴들이 외국인 노동자들의 가슴속에서 지워지지 않을지 알 수 없는 노릇이다. 우리에겐 히틀러 같은 악령의 주인공이 없었고, 한번도 남의 나라를 침략해 본 적이 없는 민족이라며 역사는 입만 열면 자랑한다. 제 발로 들어온 외국인 노동자라고 해서 역사의 갓길로 밀어내도 좋은 것일까. 그들은 우리가 필요해서 불러들인 사람들이다.

엘리뇨 현상으로 사막에도 비가 내리더니 난데없이 불모의 사막에 꽃이 피는 이변이 생겼다고 한다. 그 꽃씨가 언제 어디서 날아와 오늘 생명의 인연을 실현한 것인지 아무도 모른다. 외국인 노동자도 우리 곁을 떠나고, 우리도 이 세상을 떠나고 나면 우리들의 후손이 살고 있을 이 땅 위엔 어떤 꽃이 피어날지 궁금하지 않은가. 내가 뿌린 씨앗을 내가 직접 볼 수 없을 만큼 하느님의 물레방아는 천천히 돌고 있다.

시와 기어綺語

금세라도 백설을 뿌릴 것 같은 잿빛 하늘이 점점 무겁게 가라앉는다. 12월의 깊숙한 엄동에 담양의 소쇄원瀟灑園을 찾은 겨울나그네는 그래도 날씨를 탓하지 않았다. 뜻밖에 주어진 답사기회를 놓칠세라 허겁지겁 따라 나섰다.

명성만 듣던 소쇄원이다. 만들어진 조경造景이 아니라 자연을 빌려왔다는 차경借景의 정원은 정말 울타리도 없고 문도 따로 없었다. 그저 무등산 산자락의 계곡을 향해 자연 속을 걷고 있는 느낌이었다. 하필이면 음산한 회색빛 하늘 밑에서 앙상한 겨울나무들의 골상骨相을 만나게 되니 정원의 명성이 영 가슴에 와 닿지 않는다.

"여름에 왔을 때는 정원이 이보다 훨씬 큰 줄 알았는데 겨울에 와 보니 아주 작네요." 함께 걷던 일행 중 하나는 여름에 소쇄원을 본 적이 없는 나보다 더 실망하는 눈치다. 그 순간 또 다른 일행 하나가 비호같이 화답한다.

"속으신 거죠."

그랬을 것이다. 여름 한때 한창 물이 오른 녹음 속의 소쇄원은, 야윌 대로 야위어 한 움큼밖에 안 되어 보이는 겨울의 소쇄원보다 훨씬 더 커 보였을 것이다. 우리는 눈의 착각을 곧잘 '속았다' 고 표현하지만, 소쇄원의 여름과 겨울은 사람을 속일 이유가 없지 않은가. 자연은 사람을 속여서 자신에게 이득이 있고 없고를 계산할 수 있는 오성悟性을 갖지 못했다. 그래서 우리는 자연에 가까이 있을수록 그토록 마음이 편한 것인지도 모른다.

한국의 현대 작가 중에서 가장 잘 나가는 소설가 한 분에게 한 인터뷰 기자가 물었다. 작품 속에 들어있는 작가의 그 무궁무진한 박학다식이 어떻게 가능하냐고. 작가는 번개같이 대답한다. "속으신 거죠." 소쇄원을 거닐 때 들었던 귀에 익은 소리다. 작가의 겸양 속에는 모든 글쟁이들의 정직한 고백이 조금은 묻어있을 것만 같았다. 한창 신명이 오른 호학의 작가가 축적된 내공을 종횡무진 달문으로 쏟아낼 때, 작품을 '위한' 작가의 그 치열성이 독자에게 엄청나게 커 보이는 것은 당연할지 모른다. 그러나 정작 작가에겐 소쇄원의 겨울처럼 자신이 너무 작아 보이는 순간이 어찌 없을까.

글쓰기를 중단하는 절필작가들의 사연이 모두 같지는 않겠지만 나는 요즘 그들의 속내를 조금은 알 것 같다. 구상 선생님의 시 〈시와 기어綺語〉가 가슴에 박혀 떠나질 않는다.

〈시여! 이제 나에게서/ 너는 떠나다오/ 나는 너무 오래/ 너에게 붙잡혔었다.

너로 인해 나는 오히려 불순해지고/ 너로 인해 나는 오히려 허황해지고/ 거짓 정열과 허식에 빠져 있는 자,/ 그 불안과 가책에 떨고 있는 나,/ 너는 이제 나에게서 떠나다오.

그래서 나는 너를 만나기 이전/ 그 천진 속에 있게 해다오/ 그 어떤 생각도 느낌도 신명도/ 나도 남도 속이지 않고 더럽히지 않는/ 그런 지어먹지 않는 상태 속에 있게 해다오.〉

《현자賢者 나아탄》으로 유명한 독일의 극작가 렛씽은 "나는 가슴속으로부터 자연히 솟아나는 시詩의 샘이라는 것을 느끼지 못한다. 모든 것을 펌프질해서 자신의 내부로부터 길어 올려야만 한다."라고 고백했다. 영혼의 광맥을 타고 깊이 내려갈수록 태초를 닮은 인간 모습을 길어올릴 수 있으니 펌푸질한다고 해서 '속여먹는' 글, '지어먹는' 글이 태어나는 것은 아닐 터다. 오히려 작가가 원고지에서 손을 떼는 순간부터 다시 원고지 앞에 앉을 때까지의 시간들이 작품을 지어먹는 글로 추락시키는 것 아닐까. 남은 몰라도 작가 자신은 알고 있다. 자신의 작품에 스스로 식상할 때가 있다면 그것은 작품 속의 언어에서 오는 것도 아니고 작품을 위한 역동적인 펌푸질에서 오는 것도 아님을. 오로지 작품과 너무 멀리 떨어져 딴 길을 걷고있는 자신의 삶이 원인이라는 것을.

모든 것을 안으로부터 펌푸질해서 끌어올렸다는 렛씽의 글이 문학사에서 시간이 지날수록 빛을 발하는 까닭은, 그의 삶이 그의 작품활동 못지않게 치열한 펌푸질로 이어졌기 때문이리라. 구상시인 스스로 '속여먹는' '지어먹는' 이라는 고뇌의 시어들로 자신을 힐난했지만 그의 작품이 결코 속여먹고 지어먹는 기어綺語들이 아닌 까닭도 마찬가지다. 스스로 자신을 고발하는 참회의 시어詩語조차 다음 순간 기어라는 자기형벌의 빌미가 되는 시인. 존재의 세계를 향한 그의 시지프적 삶을 읽을 때마다 내 안에선 감당할 수 없는 자괴의 침묵이 강하게 치받쳐 오른다.

소쇄원의 명성을 몸으로 느끼지 못한 채 겨울의 정원을 한 바퀴 돌아 나오는데, 속일 것도 속을 것도 없는 정원의 한 자락과 만나게 된다. 들어설 때는 별로 시선을 끌지 못하던 입구 길 양쪽의 대숲이야말로 겨울의 소쇄원에서 생명을 느낄 수 있는 유일한 징표였다. 우리를 안내하던 학예관은 대나무를 잘 알고 있었다. 태어날 때의 굵기에서 조금도 몸집을 더 불리지 못하고 키만 자랄 뿐이라는 대나무. 성장만 있고 성숙이 없는 대나무의 속성이 뜻밖이었다. 태어날 때 운명지워졌다는 대나무의 그릇 크기가 이미 창조 때 심판받은 낙인처럼 측은했다.

'시경詩經 삼백 수를 하나로 꿰면 사무사思無邪' 라고 했다. 옛날 옛적 공자님이 《논어》에서 이미 보증해 준 문학의 효능이다. 글과 삶이 아귀가 맞지 않을 때마다 '지어먹는' 글쟁이의 비애를 느끼면서도 절필의 유혹을 받지 않음은 그 때문일까.

3부

건넌방 손님과 아버지

헐린다, 헐린다 하던 친정집 한옥이 드디어 헐렸다. 지은 지 70여 년이 된 이 집은 우리 여러 남매가 태어난 생명의 산실이었고, 성장의 마당이었고 배움의 도량이었다. 배우자를 만나 혼례를 치르고 부모님의 슬하를 떠나온 후에도 본가를 드나들던 우리들의 발걸음이 채곡채곡 쌓여 있는 가족사 박물관 같은 곳이다. 부모님이 돌아가시고 10년 넘게 세입자들만 살고 있으니 워낙 오래된 건물에 안전사고라도 생길까 오라버니는 늘 염려하면서도, 방마다 우리들의 삶의 흔적이 문신처럼 배어 있는 집이기에 그 처리를 놓고 적잖이 고심한 것 같다.

집이 지상에서 사라지는 마지막 순간을 지켜보며 주춧돌을 챙겨온 오라버니의 마음은 우리 모두의 마음이기도 하다. 이제 그 집은 이 지상에서 버틸 만큼 버티다가 때가 되어 최후를 맞게 된 것이다. 하지만 사람이 살 만큼 살다가 천수를 다하고 생을 마쳤다고 해서 그 사람과 더불어 가졌던 추억들이 슬프지 않은 것이 아니듯, 그 집의 구석구석에 서려 있는 우리들의 추억도 마찬가지다. 나는 홀로 집터를 찾았다.

집의 형체가 사라진 빈터 앞에 서니 완벽한 결별이 이런 것인가 싶다. 만면의 기쁨으로 "어서 오너라." 하시던 부모님의 음성이 아니라 집터 위에 깔린 뽀얀 정적이 나를 맞는다. 어렸을 적 꿈속에서는 앞마당에 비행기도 내려앉았는데 집터가 생각보다 작아 보이는 것이 오히려 다행이다. 드넓은 대지였다면 그 황량함을 감당하기 더욱 힘들었을 것 같다. 여기쯤이 안방이었을까, 저기쯤은 장독대가 서 있었을 것 같고. 부엌은, 사랑방은, 대문은, 돌계단은? 도무지 가늠할 수가 없다. 안방에서 대청을 건너면 건넌방이다. 건넌방의 창호지 미닫이문 안쪽에서 나는 뜻밖에도 오랜만에 아버지의 음성을 듣는다.

6 · 25 전쟁 때였다. 충청도 산골에서 피난생활을 마치고 상경하신 선친의 수중은 무일푼이었다. 부산 같은 대도시로 피난을 가지 않고 충청도 두메산골을 피난지로 잡았던 것을 선친께서는 평생을 두고 후회하셨다. 자식들도 아버지의 그 후회에 하나같이 동의해 드렸다. 전쟁 전에는 단단한 사업체를 갖고 계셨으니 아무리 전쟁중이더라도 두메산골보다는 대도시에서 할 일이 더 많으셨을 것이다.

살던 서울집으로 돌아오긴 했지만 먹는 것이 해결되지 않는 절대빈곤의 세상이었다. 그런데도 부모님은 먹는 일보다 더 간절하게 매달리시는 일이 있었으니 우리들 여러 남매의 교육이었다. 맨 맏이인 오라버니가 대학에 입학할 즈음이었으니 우리 모두의 교육은 사실상 전쟁 이후에 이루어졌다.

중 · 고등학교에서는 기일 안에 수업료를 못 내면 등교해도 수업을 받지 못하고 교실 밖으로 추방되었다. 지금의 복지국가적 안목으로 본다면 교육을 책임져야 할 국가가, 학교가, 사회가 못할 짓을 했지만 전쟁을 치르면서 빈털터리가 된 국가가 그나마 학교 문을 열고 교육을 재개하려면 다른 도리가 없었을 것이란 생각도 든다. 내가 이 추방학생 틈에 끼여 본 적이 없는 것은 수업료를 위해서 식음을 잊고 백방으로 애쓰시던 부모님이 계셨기 때문이다.

중학 2학년이던 겨울방학 어느 날, 집에 오신 손님은 얼굴이 그리 낯설지 않은 아버지의 지인이었다. 그분은 그날 지인으로 우리 집을 내방한 것이 아니라 빚쟁이로 돈을 받으러 온 것이다. 그때의 금리는 우리나라가 겪은 어떤 고금리에도 비교할 수 없을 만큼 높았다. 사채이자의 최소가 월 1할이었으니 일 년이면 120퍼센트. 원금보다 더 많은 돈이 1년의 이자로 나가는 셈이다. 내가 어린 나이였음에도 지금까지 그것을 기억하는 것은 부모님의 금전적 고통이 숨길래야 숨길 수 없는 일상사였기 때문이다.

당시의 금리로 남에게 돈을 빌려주는 사람은 어쩔 수 없는 고리대금업자일 수밖에 없었다. 마침 대청을 지나던 나는 건넌방의 창호지 문 안쪽에서 흘러나오는 그 분의 목소리를 들을 수 있었다. 아버지의 목소리는 거의 들리지 않는데 그분의 목소리는 점점 커진다. 급기야 그분의 거친 고성이 내 가슴에 총알처럼 박힌다. 수모를 당하시는 아버지는 한 말씀도 없으시다. 빚진 죄인이라더니 바로 지금의 아버지다.

아버지가 무엇 때문에 채무자가 되었는지 나는 잘 알고 있었다. 그 순간 모든 것을 포기하기로 했다. 학교를 안 다녀도 좋고 집이 없어 거리에 나앉아도 좋았다. 나도 모르게 미닫이문을 열고 뛰어들어가 아버지의 목을 끌어안고 통곡하며 말했다. "아버지, 우리 이 집 내주고 나가요."라고. 한옥의 창호지문이 아니고 현대식 두꺼운 목재문이었다면 그날 나는 안에서 무슨 일이 일어났는지 그처럼 똑똑하게 알아차릴 수는 없었을 것이다. 이제 두꺼운 목재문도 얇은 창호지문도 아무 것도 없는 빈터에 서서 나는 지금 아주 선명하게 그날의 아버지를 만나고 있다.

그로부터 50여 년의 세월이 흘렀고 아버지께서 우리 곁을 떠나신 지도 20년이 넘었지만 그날 흐느끼는 어린 딸의 팔에 목이 감긴 채 침묵으로 일관하시던 아버지의 모습은 내가 기억하는 아버지의 모습 중에서 가장 진하게 가슴속에 자리잡고 있다. 어린 소녀의 절규를 목격한 채권자는 자신의 성격이 다혈질이다 보니 언행이 지나쳤노라고 사과했지만 아버지의 표정은 미동도 하지 않았다. 당신이 받은 수모보다 어린 딸이 받았을 상처가 당혹스러워 더욱 침묵으로 일관하셨을 것이다.

하지만 내 스스로 4남매의 어미가 되어 살아오는 동안 그날의 아버지에 대한 기억은 상처가 아니라, 삶의 에너지요 자식 교육에 대한 신앙으로 뿌리내리게 되었다. 나중에 안 일이지만 그때 우리 집은 이미 은행에 저당되어 있었기에 집을 내주고 나간다 한들 그 분에겐 아무런 이득이 안되었다. 전쟁의 후유증이 점차 치유되면서 선친께서는 특유의 집념과 근면으로 다시 사업에 몰입하시어 많은 보람을 거두셨다. 그때 아버지께 돈을 꾸어주었던 그분의 빚도 물론 갚으셨을 것이다.

자식의 교육을 위해서라면 지옥이라도 서슴지 않으셨을 아버지의 결연한 삶에 비해 보잘것없는 딸자식이 되었는데도 언제나 나의 자존심에 불이 꺼지지 않도록 촛불을 이어서 댕겨주시던 아버지. 이제 언성 높이는 빚쟁이는 없지만 나는 지금 여전히 눈물로 아버지를 만나고 있다. 아버지의 딸로 태어난 전생의 인연이 고마워서다.

세 살 때 어머니를 여의시는 불운만 없었다면, 그리고 제도교육을 중도에 포기하셔야 했던 가운家運만 아니었다면 아버지는 틀림없이 학교의 선생님이 되셨을 것이다. 방학 때면 우리 모두는 《천자문》, 《명심보감》, 《맹자》를 배우느라 아버지의 제자가 된다. 그 바쁘신 중에도 즐겨 스스로 서당의 훈장이 되시던 아버지의 모습은 훗날 우리 여러 남매의 자화상이 되기도

했다. 우리들 5남매 중 4남매가 교육에 몸담고 있으니 더구나 그런 생각이 든다. 특히 오라버니의 모습은 아버지가 환생하시지 않았나 착각할 정도로 닮았다.

"배움은 때가 있느니라."던 아버지의 신념은 아버지 자신의 인생체험에서 온 것이었다. 결국 나는 아버지의 체험을 살고 있는 것이다.

아버지의 딸들

물리학의 옥좌가 뉴턴의 공간이론으로부터 아인슈타인의 상대성이론으로 넘어가게 된 것이 1919년이었다. 이로써 인류는 급기야 3차원의 세계를 떠나 4차원의 세계로 진입하게 되었다. 이 새로운 패러다임의 창시자가 아인슈타인이라는 것을 모르는 사람은 없지만, 그의 천재적 학문에 남편보다 더 천재였던 그의 아내가 깊숙이 기여했다는 사실에 세계사는 별로 관심을 두는 것 같지 않다.

아인슈타인과 아내 밀레바 마리치는 양가의 반대를 무릅쓰고 1903년에 결혼한다. 아인슈타인의 집안에서 결혼을 반대했던 커다란 이유 중 하나는 그녀가 너무 교육을 많이 받았기 때문이었다. 당시 유럽에서 여성에게 대학의 문이 열려 있는 곳은 스위스의 취리히 한 곳뿐이었다. 홍일점으로 스위스 종합공

대에서 수학과 물리학을 공부한 그녀를 당시의 사람들이 너무 공부를 많이 했다고 보는 것은 당연했을지 모른다. 불과 백여 년 전만 해도 선진 유럽에서조차 여성에게 제도교육이 그토록 폐쇄적이었다는 점이 참으로 놀랍다.

학창시절 아인슈타인은 네 살이나 연상인 그녀에게 "당신의 연구를 계속해야 하오. 내 자신은 아직도 평범한 인물인데, 박사 애인을 갖는다면 얼마나 자랑스러울지 모르겠소."라고 편지를 쓸 만큼 그녀는 아인슈타인에게 맞수 이상의 여인이었다.

결혼 후 첫아들이 태어난 후에도 남편과의 공동연구는 진행되었다. 이즈음 그녀가 남편과 공동으로 연구한 5편의 논문은 아인슈타인을 세계적 물리학자로 만드는 데에 기여했지만 아내의 이름은 어디에도 쓰여 있지 않았다. 그녀의 질곡의 인생은 둘째 아들이 태어나면서부터 시작되었다. 천재성이 지나쳐 끝내 정신병자가 되어버린 둘째 아들을 지키는 일에 그녀는 온 생애를 바치게 된다. 둘째가 태어나면서부터 남편과의 공동 연구에 참여할 수 없게 되자 그녀는 인간적으로도 소외당한다. 이혼녀가 된 그녀는 정신병자인 아들을 돌보다가 끝내 반신불수가 되어 외롭게 생을 마쳤다.

아내를 모델로 그림을 그리던 화가가 자신의 작품을 완성하자, 기진맥진한 아내의 생명은 폭싹 꺼지고 화가의 그림은 생명을 내뿜는다는 에드가 앨런 포우의 단편 〈타원형 초상〉은 그대로 아인슈타인 부부의 이야기이기도 하다. 이 밖에도 남편의 모델이 되어 산화해버린 슬픈 아내들이 역사 속에는 많이 있다.

잘 알려진 대로 조각가 로댕의 여인 카미유 클로델도 그랬다. 그녀는 로댕의 작품과 명성 뒤에 숨겨진 비극의 여인이었다. 그녀 자신이 뛰어난 조각가였지만 세상은 로댕으로부터 독립된 그녀만의 독창적 예술성을 인정해주지 않았다. 게다가 로댕의 정식 아내가 될 수 없었던 그늘진 사랑도 그녀가 세상과 겪는 갈등에 한 몫을 했다. 그녀는 점차 세상으로부터 고립되어 마침내 정신병자가 되고 만다. 30여 년간 정신병원에 유폐되었다가 가련하게 삶을 마감했으니 참으로 아까운 예술가였다.

이렇듯 타고난 천재성에도 불구하고 오히려 그 천재성 때문에 평범한 여성보다 더 불운한 인생을 살았던 역사 속의 여성들에게 특별한 관심을 갖는 한 여성학 학자가 있다. 독일 훔볼트 대학의 잉에 스테판 교수는, 뛰어나게 재능있는 여성들이 그들의 인생에서 깊은 좌절을 맞고 상처를 받게 되기까지 하나의 공통적 환경이 있었음을 발견했다. 그들 모두는 어린 시절 아버지로부터 절대적인 사랑과 후원을 받았던 '아버지의 딸들' 이었다는 점이다.

이 천재적 여인들은 일찍부터 드높은 자긍심으로 아버지와 자신을 동일시할 만큼 고양되기까지 했다. 훗날 자신의 재능이 타인으로부터 더 이상 절대적인 후원도 사랑도 받지 못하게 될 때, 그녀들의 내면에 지독한 갈등과 혼란이 자리잡게 되리라는 것은 짐작하기 어렵지 않다.

어느 한 구석도 타고난 재능이라곤 없으면서 다만 아버지의 유전인자를 눈에 띄게 많이 간직한 탓에 나도 어릴 적부터 아버지의 편애를 많이 받고 자랐다. 편애는 사랑의 결핍 못지않게 사람의 인격형성에 깊이 간여하는 것 같다. 삶의 밑그림에 편애라는 물감이 아주 짙게 깔려 있는 사람은 가족과 가정 안에서조차 사랑하는 것엔 서툴고 사랑 받는 것엔 익숙해져 있다. 아버지로부터 받은 편애라는 선물(Gift)은 스테판 교수의 말대로, 훗날 자신의 힘으로 제거할 수 없는 독毒(독일어의 Gift는 毒을 의미함)이 될 수도 있다.

자신의 인격 속에서 독을 씻은 듯이 제거하는 일은 거의 불가능하다. 천형이나 다름 없이 자신의 영혼을 괴롭히는 이 '선민적 에고'의 독은 전생애에 걸친 삶 속에서 아주 서서히 희석될 뿐이다. 시부媤父께서 독자이고 남편이 독자이니 남편 또한 '아버지의 아들'일 수밖에 없었다. 셋째 딸을 낳으니 남편의 실망이 역력했다. 새 생명을 얻은 기쁨으로 가득해야 할 집안에 무거운 침묵이 꿈틀거렸다. 고향에서 손녀딸의 출생 소식을 전해 들으신 시부께서 장문의 편지를 보냈다. "사람의 값어치는 똑같으니 딸이라고 천하게 키우지 말아라."

의례적으로 던지는 위로의 말씀이 아니었다. 손녀딸 셋에 대한 그분의 거울 같은 사랑이 더욱 나를 그렇게 믿게 했다. 유교적 가풍의 종주이신 시아버님이 남아선호의 사심私心으로부터 완전하게 자유로울 때에만 할 수 있는 결연한 순명順命이라고 느껴졌다. 그것은 며느리에 대한 편애라고만 할 수 없는 인간애의 표본이었다. 넷째로 태어난 손자의 출생소식에 시아버님은 기쁨을 감추지 못하시며 또 편지를 보냈다. "율곡처럼 키워보자."라고. 아버님께는 아마 사람의 값어치로 보아 율곡을 능가할 인물이 없었을 것이다.

4남매를 키우며 집안일만으로도 갈팡질팡 헤매는 판국에 때늦게 학업을 계속하겠다고 나선 외며느리를 진실로 아끼던 아버님이었다. 그래봐야 아류적 호기심을 넘지 못하던 보잘것없는 학업이었지만 힘에 부쳐 제사에 못 내려갈 때도 있었다. 그때마다 오히려 일할 사람을 구해 올려 보내 주시며 며느리의 만학에 은밀한 자부심까지 감추지 못하던 부모님이었다. 생각하면 할수록 부모님의 자긍심에 보답한 것이 없는 삶을 살고 있는 며느리다.

어디로 보나 '아버지의 딸' 이 될 아무런 조건을 갖추지 못한 내 처지에 두 분 아버님으로부터 받은 사랑을 돌이켜 볼 때, 사랑을 떼어먹은 빚진 마음은 세월이 흐를수록 그 무게를 더할 뿐이다. 아인슈타인의 아내, 로댕의 여인이 살았던 비극적 삶을 알고 나니, 이 무능자가 받았던 사랑이 죄스럽기까지 하다.

모녀

1950년대 말 무섭게 밀려오는 서양문물의 파도에 밀려 나도 대학엘 입학했다. 나의 어머니 세대에는 상상할 수 없었던 개방시대의 행운을 잡은 것이다. 이미 2백여 년 전 유럽에서 일어난 산업혁명의 파편이 6 · 25 전쟁을 통해서 비로소 한국인의 살갗에 와 닿은 것일까.

투피스 차림에 서류가방 같은 책가방을 들고 대학 캠퍼스를 활보하던 나는 비녀 꽂은 머리에 외출 때는 언제나 한복 차림을 하시던 어머니의 모습을 보면서, 우리 사이에는 단 한 세대라는 시간적 차이만으로는 설명될 수 없는 역사의 축지법 같은 것이 일어나고 있다고 생각했다. 그러면서 다시 한 세대 후, 나와 내 딸 사이에는 이런 양극적인 이형의 문화가 한 지붕 밑에서 공존하는 일은 없을 것이라고 확신했다. 이미 변할 것은 다

변했으니 더 변할 것이 없을 것 같았다.

과연 그로부터 한 세대 후 나의 딸들이 대학에 입학할 때쯤, 나의 예측은 그리 틀린 것이 아니었다. 딸과 외출복을 바꾸어 입기도 하고 때로는 품위있는 커피숍에 앉아서 커피를 마시며 무슨 연극, 무슨 영화를 함께 보러 가기로 날짜를 맞추기도 했다. 이런 일은 나와 어머니 사이에서는 한번도 있어본 적이 없다. 적어도 1989년 어느 날 갑자기, 정말 갑자기 베를린 장벽이 무너지고 동서의 냉전이 완전히 종식되면서 세계화의 물결이 지구를 삼킬 때까지는 나와 내 딸은 같은 시대를 걷고 있던 행복한 동시대의 파트너였다.

그런데 언제부터인가 '미래는 준비하는 사람에게만 온다. 변해야 산다.' 는 목소리가 마치 전쟁 때 듣던 '인민군이 쳐들어오고 있다. 피난을 가야 산다.' 는 비명처럼 다급하기 짝이 없다. 정말 세상은 변하고 있다. 이제 정해진 공간에서 개미처럼 땀흘려 일하는 사람은 흘러간 산업사회의 머슴일 뿐이다. 컴퓨터 앞에서 거미처럼 정보망을 잘 쳐놓기만 하면 앉아서도 지구의 방방곡곡에서 일어나는 지식과 금융을 한 손에 넣을 수 있게 되었다. 특별한 엘리트만 그 길을 걷는 것이 아니라 정보시대를 사는 현대인은 모두 그 길을 활보하고 있다.

딸아이도 정보시대의 조류에 밀려 배를 타고 유유히 나를 떠나버렸다. 컴퓨터 앞에 앉으면 참담한 지진아가 되어버리는 나는 내 어머니를 생각한다. 어머니와 나 사이에는 기껏해야 퍼

머머리와 비녀 꽂은 머리, 투피스와 치마저고리 같은 겉모습의 차이가 있었을 뿐 어머니를 지진아로 추락시킬 아무 것도 없었다. 더구나 어머니는 당시로서는 흔치 않은 여고교육을 받으신 분이니 시대적 배경을 감안한다면 어머니가 나보다 훨씬 앞선 엘리트였다. 그런데도 나는 어머니와 나 사이에는 건널 수 없는 깊은 강이 가로놓여 있고, 딸과 나는 한 연못의 물고기라고 생각했었다.

이제 나와 내 딸 사이를 갈라놓는 문명의 강은 나와 어머니의 그것보다 훨씬 깊어가고 있다. 앞으로 또 30년 후 딸아이와 또 그 딸 사이에 가로놓일 강의 깊이와 넓이를 상상해 보는 건 부질없는 일이다. 역사를 예언하는 어리석음은 얼마나 가당찮은가.

맬서스는 200여 년 전 《인구론》에서 '인구의 증가는 기하급수적으로, 식량은 산술급수적으로 증가하기 때문에 인류의 빈곤은 자연법칙의 결과'라고 예언했었다. 물론 오늘날 기아로 고통받는 사람들이 세계 곳곳에 여전히 많이 있지만 그것은 분배와 정책의 문제일 뿐, 농업기술의 놀랄 만한 진화는 결코 식량을 산술급수적인 증가에 머물러 있게 하진 않는다.

오히려 맬서스의 예언을 정면으로 뒤집는 일이 일어나고 있으니 인구의 감소 문제가 이미 선진국에서는 심각한 지경에 이르렀고, 후진국에서도 인구증가율이 점점 둔화되고 있으니 말이다.

한 세대 전, 그때 나는 다가올 미지의 세계를 백지로 남겨 놓았어야 했다.

정보시대의 파도에서 헤엄쳐 살아남는 일이 가능할 것 같지 않지만, 그래도 역사 앞에서 새로이 겸손을 배울 수 있기에 아웃사이더로 퇴락하는 서러움이 조금은 위로를 받을 수 있을 것 같다.

두 번의 파티

남편의 선심이 없었다 해도 이번엔 내 스스로 넉넉한 한복 한 벌쯤 해 입으리라 마음먹고 있었다. 한껏 호사하는 마음으로 맞춰 입은 옷은 값이 비싼 최고급 옷도 아니고 색깔이 날아갈 듯이 화사하지도 않다. 그저 몸에 맞게 편안한 것이 좋았다. 남편의 정년퇴임 식장에서 이 편안한 옷차림으로 그의 옆자리를 지키고 앉아 있는데, 평소엔 잊고 지내던 30여 년 전의 베이지색 원피스가 몸에 와 닿는다.

유럽으로 가는 비행기 요금이 서울의 조그만 집 한 채 값과 맞먹던 1960년대에 가난하게나마 남편이 유학길에 오를 수 있었던 것은 농촌에 계신 시부모님께서 외아들에게 쏟으신 남다른 집념이 있었기 때문이다. 떠나는 짐 속엔 새로 맞춘 남편의 검정색 정장 한 벌도 끼여 있었다. 공부를 마치는 날 구술시험장에서 입을 예복이었다. 씨를 뿌리기도 전에 추수할 곡간을 마련하는 낙천적인 농부였다고나 할까. 그랬다. 이 옷을 입고 시험을 치를 수 있는 날은 우리가 정하고 계획할 수 있는 일이 아니라는 것을, 그리고 '어떤 고생도 각오가 되어 있다.' 고 말할 때의 고생은 기껏해야 자신이 예견하고 상상할 수 있는 범위를 벗어나지 못한다는 것을 그때는 알지 못했다.

독일 땅에서 제2차 세계대전이 종료된 것이 1945년이고, 우리 땅에서 한국전쟁이 휴전된 것이 1953년이니까, 그들은 우리보다 불과 8년 먼저 종전을 맞이한 똑같은 분단국이었다. 그러나 1960년대 말 내가 독일 땅을 밟는 순간, 내 눈에 비친 그들의 풍요와 안정은 우리와 8년의 차이가 아니라 그곳은 우리가 영원히 다가갈 수 없는 피안의 세계처럼 느껴졌다.

당시 우리의 것이 해외에 나가 평가절하되기는 화폐나 학력이나 마찬가지였다. 미국으로 이민 간 한국의 대학교수가 현지에서 막노동으로 호구糊口를 하며 살아간다는 슬픈 얘기가 꾸며낸 얘기만은 아니던 때이니, 내가 고국에서 대학을 나온 것쯤이 무슨 대수이랴. 당시 모든 유학생이 그랬듯이 현지의 풍요와 안정 속으로 들어서는 바로 그 순간부터 나도 자신의 의지를 시험하는 혹독한 삶을 시작했다.

이 역설적인 현실 속에서 나는 개인의 몸이 이 지구상 어느 곳에 가 있거나 그의 삶은 고국의 흥망성쇠에 의해서 원격 조정되고 있음을 뼛속까지 느꼈다. 그래도 먹구름 뒤의 태양을 믿는 것처럼 나를 버티게 해주는 희망이 있었으니, 남편이 집가방 속에 들어있는 정장 차림으로 구술시험을 치를 수 있는 그날을 기다리는 것이었다.

그러나 운명은 우리의 계획대로 움직여주지 않았다. 지도교수가 급서急逝하셨다는 비보를 듣고 망연자실하는 남편의 모습은 참으로 애처로웠다. 유학 생활 3년 만에, 짐가방 속에 들어있는 검정색 정장이 지도교수의 장례식에 입을 상복喪服이 될 수도 있다는 것을 예견할 수 있는 사람은 없다. 중도 하차하고 귀국할 것인가를 놓고 고민하고 방황하던 끝에 뜻밖에도 남편이 학문적으로 몹시 흠모하던 스승을 새 지도교수로 맞이하게 되었다.

새 지도교수에게서 4년여의 공부를 마치고 7년 4개월이란 긴 항해 끝에 드디어 포구에 닻을 내리는 남편의 구술시험 날이다. 나는 이날을 위하여 소중하게 간직했던 남편의 정장양복을 꺼내서 다림질했다. 그런데 입고 나선 남편의 모습은 자기 옷을 입은 게 아니다. 그동안의 혹독한 세월이 이 옷의 크기를 마음껏 늘려놓았다. 헐렁하다 못해 옷이 걸어가는 것 같은 남편의 뒷모습을 바라보면서 나는 형언하기 어려운 인연법 같은 것을 느꼈다.

출가한 구도승이 인연법에 따라 살아가듯 학문도 그런 것이 아닌가 싶었다. 이 고달프고 험난한 길을 선택한 인연이 자신의 의지였다고만 생각되지 않았다. 남편이 시험장으로 떠난 후 얼마나 시간이 흘렀을까. 학교에서 전화가 왔다는 아래층 주인 아주머니의 전갈이 들린다. 지도교수의 비서실에서 온 것이다. 졸업식이 따로 없는 독일에서 시험에 통과하면 지도교수가 제자에게 파티를 열어준다는 것을 들어서 알고는 있었지만, 이렇게 당일 그 자리에서 있을 줄은 몰랐다. 뜻밖의 초대에 나는 당황했다. 입고 나설 옷이 없다. 나야 수험생이 아니니 정장은 아니어도 되겠지만 마땅한 옷이 없다. 단벌 외출복인 베이지색 원피스를 꺼내 보았지만 짐작한 대로 작아져서 지퍼가 올라가지 않는다. 그때 나는 임신 5개월의 몸이었다.

어찌할 것인가. 시간이 없다. 숨을 죽이며 지퍼를 가까스로 올리고 집을 나섰다. 학교에 당도하니 구술시험이 끝나고 나이 든 여비서가 파티 준비에 바쁘다. 파티래야 지도교수와 심사위원들, 그리고 낯익은 몇몇 조교들이 둘러앉아 다과를 드는 조촐한 축하의 자리다. 나를 보신 지도교수가 반색을 하면서 내 팔을 잡아당기며 옆에 앉을 것을 강권한다.

어쩌면 좋은가. 숨을 죽이며 겨우 지퍼를 올린 이 위기의 원피스를 그분이 아실 리 없다. 후드득 바느질 밥이 나갈 것만 같다. 순간 마네킹같이 몸이 굳어버린다. 팔을 움직여서는 안 될 것 같다. 눈앞의 다과와 샴페인 잔에 손을 갖다 댈 수 없다. 누가 무슨 말을 하는지 들리지가 않는다. 함께 웃을 수도 없다.

오늘 정년 퇴임식장에서는 남편의 후학들에게 둘러싸여 덩달아 호강을 했다. 30여 년 전의 베이지색 원피스가 편안한 한복 속에서 줄곧 내 몸을 떠나지 않았으니 뜻밖에도 나는 두 번의 파티를 동시에 치르고 있었다.

다시 찾은 마아부르크

푸랑크푸르트 공항에 내려서 마아부르크로 가는 기차를 갈아탔다. 목적지가 점점 가까워오자 심장의 박동이 기차의 속력을 앞지른다. 차창 밖에 깔린 어둠조차도 막무가내로 상기되는 내 가슴을 잠재우지 못한다. 아무리 그리운 사람을 만날 때에도 이처럼 상기되었던 기억이 없다. 마아부르크를 다시 찾는 감회는 생각보다 진했다.

이곳은 내가 어려서 자라던 고향도 아니고 그리운 부모형제가 사는 곳도 아니다. 이번 겨울방학엔 이래저래 어디론가 떠나고 싶었다. 그곳이 왜 하필이면 20년 전 살던 독일 땅일까. 남편은 재수생이 된 막내를 맡아주겠다며 이번 여행을 진심으로 지원해 주었다.

유럽의 겨울은 우리보다 밤이 길어서 그런지 아침 7시인데도 밖엔 두툼한 어둠이 깔려있다. 어둠을 가르는 낭랑한 교회의 종소리는 나그네의 영혼을 사정없이 흔들어 깨우지만 마을의 정적은 좀처럼 깨어날 것 같지 않다. 멀리 언덕 위에 띄엄띄엄 자리잡은 인가人家에서 불빛이 반짝인다. 아니 언덕과 맞닿은 하늘에 걸려있는 별빛인지도 모른다.

도착하여 독일인 친지의 집에 여장을 푼 지 벌써 며칠이 지났는데도 이 시간 눈을 뜰 때면, 이곳에서 살던 옛날의 나를 꿈속에서 만나고 있는 게 아닌지 깜빡깜빡 피안彼岸을 넘나든다. 그야말로 내가 생시에서 꿈을 꾸고 있는 건지, 꿈에서 생시를 살고 있는 건지 알 수 없는 미망의 순간이다. 아직 여명의 기미가 보이지 않는 밖의 어둠 때문만은 아니다. 여행지에서 방향감각을 빼앗긴 나그네의 생소함도 아니다. 비록 오랜만에 찾긴 했지만 나는 이곳에서 그토록 이방인은 아니다. 가슴 깊숙이 묻혀있던 20년 전 추억들이 세월의 아득한 강폭 앞에서 좌정할 곳을 찾지 못한다.

산천이 의구라더니 시시때때로 오르내리던 옛 성城은 나와 헤어졌던 세월을 알지 못한다. 성에서 내려오는 돌 박힌 마찻길과 좁은 골목들도 그냥 그대로다. 지은 지 수백 년이 넘는 고가古家들도 여전히 좁은 골목 안에서 머리를 맞대고 서 있다. 골목 안의 음산한 낡은 집 한 채 앞에서 나는 발걸음을 멈춘다. 햇빛도 안 들고 난방도 안 되는 스산하기 짝이 없던 이 집은 단지 방세가 파격적으로 싼 이유 하나 때문에 남편과 함께 세 얻어 살던 집이다. 커튼이 바뀐 것을 빼놓고는 달라진 것이 없다. 방세가 지금도 그리 헐값인지 가난한 여대생으로 보이는 한 소녀의 모습이 창문 너머로 어른거린다.

바쁜 일정에도 불구하고 짐짓 이 골목에 들어선 내심은, 아직도 살던 집이 그 자리에 서 있는지, 있으면 얼마나 변했는지 보고 싶어서인 줄 알았더니 그것만은 아니었다. 창 너머로 보이는 저 여인은 타인이 아닌 내 젊은 날의 초상이다. 이번 여행이 처음부터 나를 그처럼 들뜨게 한 것도 옛날의 저 집 안에 살고 있던 내 모습을 한번 만나보고 싶어서였나 보다.

우리의 입은 태어날 때부터 쓴맛보다는 단맛을, 코는 악취보다는 향기를, 눈은 추한 것보다는 아름다운 것을, 귀는 소음보다는 화음을 좋아한다. 내가 원하지 않고 좋아하지 않는 환경을 우리는 보통 역경이라고 부르지만 역경에 대처하는 반응은 사람마다 다르다. 이 반응이야말로 한 개인의 인격과 삶의 차원을 결정짓는 험준한 분수령이기도 하다.

오 헨리의 〈크리스마스 선물〉에 나오는 주인공은 자신의 가장 소중한 것을 포기함으로써, 상대방의 가장 소중한 것을 완성으로 이르게 하는 희생적인 사랑 속에서 인간 행복의 진수를 찾았다. 사실 인간은 태어날 때부터 이미 누구의 자식이라는 이름을 달고 이 세상에 던져진다. 생각해 보면 자식과 부모, 아내와 남편, 스승과 제자 등 수없이 많은 이름들을 살아내는 일, 그것이 인생이다. 딴에는 이 모든 정명正名으로부터 해방된 나

홀로의 자신을 찾아내겠다고 호들갑이지만 그런 허명虛名은 아무 곳에도 없다.

고난 앞에서 호연지기로 마주 선 적이 없고 파도 거센 바다 한복판으로 밀려가면서도 외딴 섬에 남겨놓은 그 허명을 자꾸만 불러 보았다. 스스로 새장에 갇혀서 영혼을 상처내던 내 젊은 날의 가녀린 날갯짓이 지금 저 고가의 창 너머에 아직도 배어 있을 것만 같다. 그리움이라고만 말할 수 없는 이 울렁임은 역경의 분수령에서 휘청거리던 내 몸의 그림자이기도 하다. 재회가 이루어진 후, 만나지 않았으면 좋았을 걸, 하고 후회하는 옛 애인을 만난 기분이 이런 것일까. 이것이 마아부르크행 기차 안에서, 아니 이미 서울을 떠날 때부터 만나고 싶어 그토록 상기되었던 나의 초상일 줄이야.

그런데 어쩌랴. 지금 나는 지난날을 회상할 때 저려오는 아쉬움의 홍통만을 앓고 있는 것이 아니다. 아직도 쓴맛에 대한 호들갑이 유별하기에, 입시준비에 나름대로 고생한 아들을 좀 더 따뜻하게 위로해 주지 못하고, 이렇게 홀로 탈출의 여행을 시도했을 것이다. 아들에게 미안해서 그런지 여행 중 꿈자리도 안 좋다. 정명正名을 거역한 모정이 심판이라도 받는 것일까. 이번 방학에 나는 아무래도 도피성逃避城을 잘못 선택한 것 같다.

골목길을 빠져 나오는데 무거운 잿빛 고가들이 더욱 스산하다. 고개를 들어 하늘을 쳐다보니 때마침 맞은편 낡은 시청의

시계탑에서 날지 못하는 조형의 닭 한 마리가 날개를 푸득이며 요란하게 울어대는 모습도 옛날과 똑같다. 이미 정오가 훨씬 기울었는데도 새벽인 양 날갯짓을 반복하는 닭이 퍽 안쓰러워 보인다.

반어反語

이산가족의 질긴 인연은 노후에 들어서도 나를 놓아주지 않는다.

아이들이 성가해서 독립해 나가면 우리도 남들처럼 노부부만 남는 노인의 집이 되겠구나 생각했었다. 남편이 정년퇴임하기가 무섭게 곧바로 낙향을 실행에 옮긴 건 뜻밖이었다. 유년 시절 떠나온 고향과 반세기 만에 온전히 합류하게 되었으니 남편은 정년퇴임 후 오히려 이산의 한恨을 풀게 된 셈이다.

남북한으로 헤어진 이산은 아니지만 우리 집의 이산가족 내력도 이미 40년 전으로 거슬러 올라간다. 고향에 계신 부모님께 두 아이를 맡기고 남편과 해외에 머무는 동안 어린것들을 품에 안지 못하는 빈 가슴은 그 무엇으로도 채워지지 않았다. 새끼를 품에 안고 서로의 체온으로 행복을 느끼는 본능은 하늘이 모든 살아있는 것들에게 내린 축복이련만, 인간만이 감당할 능력도 없으면서 하늘의 축복을 포기하는 일로 고통을 자초한다. 나는 지금도 텔레비전에서 〈동물의 왕국〉을 볼 때면 새끼에 대한 어미의 그 절대적 보호본능이 위대하다는 생각이 든다.

40년 전은 지금 같은 세계화 시대가 아니었다. 남의 땅에 발붙이고 사는 동안 사람도 낯설고 문화도 낯설어서인지 왕따를 당한 것도 아닌데 늘 외로움에 시달렸다. 남편과 한 집에 사는 동안은 그래도 나그네끼리 위로하며 살았다. 집이래야 수백 년 된 낡은 건물에 방 한 칸 얻은 창고 같은 공간이었다. 아무리 힘들어도 일터에서 하루의 일을 마치고 집으로 돌아올 때면 창문에서 흘러나오는 불빛과 마주치는 순간 거짓말처럼 피로가 가셨다. 남편의 학업이 끝나고 고국으로 돌아가면 부모형제와 자식들을 재회할 수 있다는 희망 때문이기도 했겠지만, 지금 이 순간 이 낯선 땅에 내가 혼자가 아니라는 것이 고마웠다.

얼마 후 남편이 지도교수를 따라 학교를 옮기자 일자리 때문에 꼼짝할 수 없는 나는 덩그마니 혼자 남게 되었다. 어린것들을 고향에 두고 온 생이별의 아픔이 나날이 깊어만 갔다. 일을 마치고 쉴 수 있는 집으로 가는 길이 싫을 리야 없지만, 집 앞에 당도하면 불빛 없는 캄캄한 창문을 만나기가 두려웠다. 힘겨웠던 하루하루를 버티게 해준 것이 창문에서 흘러나온 불빛이었다는 걸 새삼 알게 되었다.

심리학자 에리히 프롬의 말이 지금 와서 예사롭게 들리지 않는다.

"가족에게 지나치게 매달리는 사람은 지나치게 사랑해서가 아니라 성숙하게 사랑할 능력이 없는 것을 보상하지 않으면 안 되기 때문에 지나친 관심을 갖는 것뿐이다. 성숙한 사랑은 먼저 자기자신에 대한 사랑으로부터 출발한다."

돌이켜 보면 남편과 아이들에게 너무 매달렸던 나의 삶도 그리 성숙한 삶은 못 되었던 것 같다.

은퇴한 남편이 낙향한 후 요즘 서울에 남아 홀로 생활하는 하루하루가 외로울 법도 한데 40년 전 옛날과는 사뭇 다르다. 한국땅에서야 나는 이방인도 나그네도 아니니 원하기만 하면 흉금을 털어놓고 마주 앉아 위로받고 위로해 줄 피붙이도 있고 친구도 있다. 음악회, 전시회, 영화관 등 마음만 먹으면 찾아갈 곳은 널브러져 있다. 그런데 실제로는 이 모든 기회들을 많이 놓치고 산다. 혼자 사는 것이 아니라 구상 시인의 시어대로 '홀로와 더불어' 살고 있으니 외롭지 않다. 지천명의 나이를 훌쩍 넘어서야 비로소 나 자신에 대한 사랑에 겨우 눈을 뜬 걸까.

시인 옥따비오 파스가 말했듯이 '역사란 태초의 상태를 복원하려는 인간의 운명적인 시도' 라면 문학 또한 역사의 수레에 실려있음은 물론이다. 그런데 태초는 현재로부터 얼마나 멀리 있는 걸까. 시인에게 '태초' 는 현재와 구별되는 다른 곳에 있지 않았다. 바로 지금 이곳에서 눈과 귀를 닫고 판단을 중지하는 자유를 얻으면 누구나 태초를 만날 수 있다고 했다. '현재라는 시간을 부르기만 하면 문득 시간은 흐르기를 멈추고 불쑥 영원이 나타난다.' 고 했다. 시간이 고무줄처럼 늘어났다 줄어들었다 하니 현재가 영원이고 영원이 현재다. 현재와 영원이 하나로 관통되는 태초의 세계, 그것은 오히려 동양적 사유에 더 짙게 깔려있다. 그래서 옥따비오 파스는 장자莊子를 그처럼 좋아했던가.

시공간에 매이지 않는 장자의 마음 크기에서 인간 존재의 새로운 지평을 본 사람이 어찌 시인뿐이랴. 장자의 정신적 삼매는 얼마나 많은 범부들에게도 영혼의 구원이 되고 있는지. 무극無極의 우주 속을 헤엄치며, 공간 밖의 삶外生, 시간 밖의無古今 세계를 그토록 자유자재로 노닐던逍遙遊 장자는 도대체 어떤 사람이었을까 궁금할 때가 있다. 역사 속의 하고많은 구도자들이 평생 동안 수행을 해도 얻을까말까 한, 인간의 탯줄이 끊어지기 전 그 처음을, 수행자가 아니면서 그토록 꿰뚫어 본 장자야말로 실존주의의 맨 처음 사람이 아니었을까.

수신修身을 통해서 군자가 되라는 공자의 가르침을 오히려 인간의 자연성을 구부리는 인위적 교육이라고 냉소하는 장자. 한때 유교에서 《장자》라는 책을 남북한 냉전시대의 금지곡처럼 가까이해서는 안 될 금서로 묶어놓은 적이 있다지만 어쨌든 장자는 요즘 서울에 혼자 살고 있는 나에게 매력 있는 동거인이 되어주고 있다. 하늘로부터 주어진 문학에의 헌신은 아니지만 책을 읽고 글을 쓰다 보면 자칫 나도 시공으로부터 풀려난 무중력을 체험할 때가 있다.

남편은 고향에서 장자처럼 평화를 누리며 살고 있다. 그러나 추울 때나 더울 때는 꼼짝 없이 서울 집에서 함께 살아야 한다. 고향의 한옥은 추울 땐 춥고 더울 땐 덥다. 아무리 고향의 자연이 좋다지만 추위와 더위를 자연 그대로 견디어 낼 도리는 없지 않은가. 수유리의 누옥은 그래도 냉난방은 갖추고 있으니 더울 때도 추울 때도 남편은 서울로 올 수밖에 없다.

《장자》를 마음대로 읽고 배울 수 있는 이 시대에 태어난 것이 행복하다. 동인문화원의 고전강의에서 《장자》를 배우고 저물게 귀가하는데, 남편의 2층 서재에 불빛이 환하다. 40년 전의 유학시절 만큼은 아니지만 불빛이 없을 때와는 사뭇 다르게 발걸음이 가볍다.

서울에 홀로 있는 동안, 딴에는 걸릴 것 없는 평화를 누리고 있다고 믿었는데 순간 평화의 속살이 보인다. 자식들과 남편의 삶에 지나치게 매어있었던 것처럼 지금은 온통 장자에게 매달려 있을 뿐 나는 장자의 평화를 누리고 있는 것이 아니었다.

아무 것에도 '매이지 않는' 장자에게 매이는 것은 처음부터 헛수고였던가. 공중에서 묘기를 부리던 기계체조 선수가 땅으로 내려오는 착지에 실패하면 모두가 헛수고인 것처럼.

《에밀》에게서 받은 위로

종윤아.

기다리고 기다리던 너의 편지 고맙게 받았다. 오늘이 네가 입영한 지 꼭 한 달이 되는 날이구나. 우리의 인생에서 한 달이라는 시간이 뭐 그리 대단하겠느냐마는 그동안의 한 달은 엄마에겐 참으로 소중한 시간이었다. 네가 군에 입대하여 고된 훈련을 받는 동안 엄마는 줄곧 지난 수년간 우리의 고통스러웠던 세월을 돌아보고 있었다.

너의 편지를 읽는 동안 "껍데기를 벗고 다시 태어나겠습니다."라는 대목에서 엄마 또한 지난날에 대한 깊은 통회의 마음을 금할 수가 없었다. 너를 교육하면서 저지른 엄마의 잘못이 너의 영혼에 그토록 두꺼운 각질을 형성하게 한 것 같아서이다.

대학입시를 준비하던 고등학교 3년을, 그리고 재수하던 1년을 왜 엄마는 너의 생활을 그토록 간섭하고 통제하려 했는지. 너에게 내재해 있는 숨겨진 에너지를 너 스스로 발굴할 수 있도록 인내하며 기다리지 못한 엄마의 조급함은 너에게 보이지 않는 채찍이 되었고, 너는 이 외부의 힘에 보이지 않게 저항했다.

엄마가 깃발을 들면 네가 따라올 것이라고 생각했지만 결과는 정반대여서 너는 어느새 점점 매사에 수동적이 되어갔고 나중에는 자신에 대한 무관심으로 치닫기까지 했다. 네가 벗어버리고 싶은 그 껍데기는 바로 너의 본래 모습이 아니었던 이 모든 변형들이 아니겠니? 엄마의 이 어리석음을 자식에 대한 사랑이었다고 변명하지 않으련다.

네가 군에 입영하기 며칠 전 엄마와 함께 떠났던 여행길이 새롭구나. 2박 3일의 짧은 여행이었지만 엄마의 가슴속엔 속죄의 염念이 잠시도 떠나질 않았다. 경주의 천마총을 들러 나올 때는 이 문화재를 발굴하던 사람들의 섬섬옥수를 생각해 보았다. 고분 속에 숨겨진 귀중한 보물을 발굴하기 위해서는 절대로 삽이나 곡괭이 같은 거칠은 연장으로 마구 흙을 파는 법이 없지.

인내와 집념으로 조심스럽고 정교하게 흙을 다루다 보면 마침내 흙 속에서 보물의 어렴풋한 형체를 인식하게 되고, 보물을 확인한 후에도 계속해서 고운 분으로 흙을 털어내는 작업은 또 얼마나 정성스러우냐. 너에게 내재해 있는 잠재력을 찾아내는 엄마의 노력도 이와 같았다면 얼마나 좋았겠니? 보물을 빨리 발견하려는 욕심으로 네 속에 감추어져 있는 소중한 것들에게 상처를 입힌 엄마가 아니냐.

〈구운몽〉의 작가로 잘 알려진 서포 김만중 선생은 아버지를 일찍 여의고 편모슬하에서 자랐는데 그 어머니의 교육이 사임당에 못지않게 훌륭했던 것 같다. 아들에게 글을 가르칠 때에는 아들과 어머니 사이에 서로 얼굴의 표정을 읽을 수 없도록 발을 치고, 오직 목소리만으로 글을 가르쳤다고 한다.

자식이 총명하여 글을 잘 깨쳐서 어머니의 얼굴빛이 밝아지면 아이가 자기도 모르게 자만심에 빠져 겸손을 잃을 것이요, 반대로 자식이 아둔하여 잘 알아듣지 못하면 어머니의 얼굴에는 어두운 그림자가 드리울 테니, 그것이 자식의 마음에 상처를 줄까 두려웠다고 한다. 발을 치고 아들을 가르쳤다는 지혜로운 모성의 이야기만큼 엄마를 부끄럽게 하는 일화도 없다.

대학입시를 불과 몇 개월 남겨 놓은, 발등에 불이 떨어진 시기에 너는 엄마로부터 직접 제2 외국어를 배웠지만 얻은 것보다 잃은 것이 더 많은, 참으로 잘못된 일이었다. 네가 엄마의 기대를 충족시켜줄 때는 칭찬이 너무 헤프다가 그 반대일 때는 너의 자존심을, 너의 인격을 마구 흠집 내며 오직 점수만을 위해서 밀어붙이던 엄마의 다그침이 얼마나 곤혹스러웠겠니?

예로부터 선비들은 자식을 직접 가르치지 않고 서로 바꾸어서 가르쳤다는데 엄마도 너를 직접 가르치지 말았어야 했다. 네가 부족해서가 아니라 엄마의 부족함 때문이다. 엄마로부터 받은 깊은 상처가 아직도 흉터로 남아 있다면 엄마를 용서하고 그 흉터에는 자신감이라는 약을 발라 치유해주기 바란다.

마당에는 덩굴장미가 만발해서 온 마당에 향기가 가득하다. 지난겨울 생명의 기척도 없던 줄기들이 어디에서 그렇게 왕성한 생명력이 솟아나는지 신비로울 뿐이다. 너는 항상 자유분방했기에 집에 있을 때라고 해서 엄마와 함께 마당에 피는 꽃을 바라볼 수 있을 만큼 여유를 가졌던 것도 아닌데 너 없이 마당의 꽃들을 바라보자니 왜 이리 쓸쓸한지 모르겠다. 아들을 군에 보낸 엄마에겐 꽃을 보는 즐거움도 절제의 대상이 되는가 보다.

요즘 엄마는 루소의 《에밀》을 다시 읽고 있다. 이런 말이 쓰여 있더라. "수직으로 뻗어가려는 힘을 제지당한 식물의 습성은 자유로운 상태로 되돌려 놔도 억지로 강요당했던 방향으로 꾸부러진 채 머문다. 그러나 그 안에 있는 수액은 그 때문에 잠시도 본래의 방향을 변경한 적이 없다. 언젠가는 수직으로 뻗어가게 되어 있다. 상황이 바뀌면 습성은 당장에 멈추어 버리고 자연으로 되돌아가게 마련이다."

루소의 '자연'이란 말은 그의 교육론의 뿌리이기도 하면서 인간의 삶이 그리로 향해서 걸어야 하는 목표이기도 하다. 입시에 시달리느라 책 한 권 제대로 읽지 못했던 너도 제대하고 나면 《에밀》을 한 번 읽어보렴. 그러면 루소의 자연이란 말을 더 잘 이해할 수 있을 것이다. 그리고 네가 어정쩡하게 선택한 전공이 너의 적성에 맞는지 안 맞는지도 제대 후에 다시 한 번 생각해 보자꾸나. 복수 전공의 길도 열려있고, 또 대학원에 진학하여 다른 전공을 선택할 수 있는 길도 있지 않니? 뜻 있는 곳엔 반드시 길이 있을 것이다.

네가 훌륭하게 군생활을 마치고 제대할 때쯤엔 더 이상 엄마의 정원에서 자라는 나약한 묘목이 아니라 비바람이 몰아치는 황야에서도 우람하게 자랄 수 있는 천연의 수목이 되어 있을 것이다. 그리고 엄마가 잘못하여 네 속에서 구부려 놓은 모든 나뭇가지는 그때가 되면 모두 제모습을 찾아갈 것이다. 이것은 엄마의 소원이고 믿음이기도 하다.

너를 군에 보내고 나니 엄마도 눈물 많은 한국의 어머니들 중 한 사람이란 걸 알았다. 운동선수의 어머니가 아들이 우승할 때까지 아들의 고된 훈련을 어떤 가슴으로 감당해 내는지 알 것 같다. 면회 때는 더욱 건강해진 모습 보여다오. 너의 훈련을 위해서 수고하시는 모든 분들께 항상 마음으로부터 감사하도록 해라. 훌륭한 군생활을 기원하는 엄마의 마음을 전하면서 이만 줄인다. 건강히 잘 있거라.

엄마로부터.

무능한 청지기

강의실 복도에서 꾸뻑꾸뻑 인사하는 학생들에게 내 민망스런 얼굴을 감추는 일이 쉽지 않았다. 교수로 오인 받을 만큼 늙은 만학도라는 것을 몸으로 깨닫는 순간이었다.

막내를 초등학교에 입학시키면서 새삼 대학원에 발을 들여놓을 때 나는 마흔을 훌쩍 넘어 있었다. 오랜 세월 내 안에선 빚진 사람의 위로받지 못할 자책이 삶을 가위눌리게 했고, 그 압력의 에너지가 다시금 나를 상아탑으로 밀어 넣었는지 모른다.

정말 나는 큰 빚을 졌다. 여고를 졸업하고 대학에 입학하여 4년이 흘러 졸업을 앞두고 있을 때였다. 대학원에 진학은 했지만 학업을 계속할 수 있을지 불투명했다. 동생들이 셋이나 아직 학교에 다니고 있었으니 더 이상 부모님께 학비부담을 지워드릴 수 없었다. 하루는 여고 동창생 친구로부터 모교의 옛 교장 선생님께서 나를 부르신다는 전갈이 왔다. 친구와 대학 캠퍼스는 다르지만 늘 가까이 지나던 터라 우리는 서로 집안사정을 훤히 알고 있었다. 같은 해 영문과를 졸업한 친구는 직장을 구했고 인사차 교장선생님을 찾아뵈었던 모양이다. 그 때 문남식 교장선생님은 이미 모교에서 은퇴하고 댁에 계실 때였다.

친구의 전갈을 받고 이튿날 영문도 모르는 채 교장선생님 댁을 방문했다. 대학원 입학금을 건네주시며 진학을 포기하지 말고 공부에 전념하라고 격려해주셨다. 뜻밖이었다. 친구는 어찌하여 교장선생님께 내 형편을 말씀드리게 되었는지 자초지종을 지금껏 나에게 말해주지 않았다. 지난해 잠시 고국을 찾은 친구에게 나도 새삼스럽게 묻지 않았다. 오래 전 미국으로 이주하여 그 곳에서도 교편생활을 하다가 지금은 은퇴한 친구의 모습은 반세기의 세월도, 이역만리의 거리도 느낄 수 없을 만큼 여고시절의 모습 그대로였다.

교장선생님이 장학금을 주시면서 나에게 아무런 조건을 얘기하진 않았지만, 열심히 공부한 후에 모교를 빛낼 수 있는 좀 큰 사람이 될 것을 간절히 원하셨을 것이다. 나의 모교는 교장선생님의 모교이기도 하다. 어깨에 무거운 짐을 느끼기는 했지만 원하던 대학원에 진학하게 된 기쁨 때문인지 무게보다는 희망으로 가슴이 출렁였다.

인간이 자유의지를 가졌다고는 하지만 운명의 변수를 당해낼 도리는 없나보다. '삶은 의지가 아니고 상황' 이라는 쪽이 더 맞는 것 같다. 대학원을 마치기도 전에 시집을 가게 되니 한편으론 교장선생님을 배신한 것 같은 민망함을 털어내기 힘들었다. 40여 년 전 나의 약혼식장에서 교장 선생님이 중후한 미소 가운데 신랑감에게 던지신 농담이다. “선생도 못 믿겠군요.” 신랑감이 당시 내가 다니던 법학과의 시간강사로 강의를 맡고 있어서 하신 말씀이다. 나에 대한 교장선생님의 애정과 그리고 아쉬움이 동시에 묻어있는 한 마디였기에 오래도록 가슴에 남아있다.

결혼과 함께 교장선생님을 실망시켜드렸다는 끊임없는 미완의 자책은 그 후 늘 나를 괴롭혔다. 결혼후의 해외생활은 생각보다 혹독했다. 단순노동에서 오는 육체적 고달픔보다 더 힘들었던 것은 이대로 외국생활을 마칠지도 모른다는 초조함이었다. 날이 갈수록 불투명한 미래가 나의 일상을 옥죄어 왔지만 노동과 학업을 동시에 할 수 있을 만큼 노동도 만만치 않았고 학업도 만만치 않았다. 몇 학기 후 건강을 망가뜨리고 나니 학업도 노동도 할 수 없는 병객이 되고 말았다.

하늘이 무너져도 솟아날 구멍은 있다더니 그 때 나의 생명 나의 건강을 되찾아준 사람도 바로 그곳에 유학하고 있던 여고 동창생이었다. 마침 내가 사는 곳에서 멀지 않은 도시의 한 종합병원에서 전문의 과정을 밟고 있던 친구는 가난한 고학생 친구를 자신이 근무하는 병원의 원장에게 소개하여 입원시켰다. 두 달 동안 입원해 있으면서 친구로부터 받은 따듯한 보살핌을

30년이 지난 지금도 구슬처럼 마음에 담고 있다. 귀국한 시기는 다르지만 친구도 오래 전에 돌아와 자신의 모교인 의과대학에서 후학을 가르치고 있다. 우리는 한 달에 한 번 여고동창회에서 만나 이역만리에서의 가슴 시리던 추억을 지금도 아끼고 있다. 그 때마다 친구의 환자가 되어 있던 독일의 병실이 어김없이 따라온다.

병을 털고 건강을 되찾았기에 남편을 따라 귀국할 수 있었지만 돌아와 아이들 기르고 가정을 지키는 10여 년 동안도 빚진 자의 억눌림은 여전히 지병처럼 나를 놓아주지 않았다. 기어이 학생들을 헷갈리게 하면서까지 만학의 길로 또다시 들어섰다. 그러나 보잘것없는 나의 학문적 역량은 끝내 가정과 적당히 타협하기에 이르렀다. 네 아이와 병약한 남편의 건강은 이쯤에서 나에게 정명(正名)의 삶을 요구했다. 어머니로서, 아내로서의 이름에 걸맞게 사는 일은, 더 많은 지식을 얻는 것보다 훨씬 절박했다. 해를 거듭하며 강사 신분으로 대학에서 교양독일어를 가르치면서 수입이 적은 것을 빼고는 내가 전임교수가 아님을 별로 의식하지 못했다. 강의실은 내 몸에 맞는 편안한 공간이었고 학생들은 소중한 파트너였다.

내면엔 만성적인 모호한 조바심이 없었던 건 아니지만 그런대로 견딜 만했다. 빚진 마음도 오래되면 내성이 생기는 걸까. 이 무통無痛의 게으름에 와락 겁이 난 것은 50대 중반에 이르렀을 때였다. 문학의 창을 두드리며 수필창작에 매달리게 된 것도 그 즈음부터였다. 삶의 존재성을 천착하는 사람들이 모인 곳, 문단에 들어와 보니 여고의 선배님들과 후배들이 한국문단에서 눈부시게 활동하고 있었다. 첫 졸작품집을 내면서 제일 먼저 생각난 분이 돌아가신 부모님과 문 교장선생님이었다. 죄인의 자격지심에 아무것도 손에 쥔 것 없이 선생님을 찾아뵙는 것이 괴로워서 생전에 제대로 찾아뵙지도 못했기에 더욱 그랬다.

주인으로부터 다섯 달란트를 받았다가 다섯을 더 벌어 열을 돌려준 청지기는 하느님으로부터 칭찬 받았지만, 맡겨진 한 달란트를 그대로 땅에 묻었다가 주인에게 돌려준 청지기는 호된 꾸지람을 들었다는 성경의 비유 앞에 서게 된다. 창조주로부터 받은 종잣돈을 알뜰하게 늘리려는 안간힘은 결국 스승과 부모에게 빚 갚으려는 마음과 둘이 아님도 알게 된다. 묻어두었던 한 달란트를 꺼내며 하느님으로부터 꾸지람을 듣고 있는 이 무능한 청지기에게 저 나라에 계신 교장선생님은 무어라 말씀하실까.

개교 100주년을 맞는 영광스러운 날 모교의 교정에 섰다. 이끼 낀 벽돌 사이 어딘가에서 교장선생님의 목소리가 들리는 듯하다.

"너의 마음을 내가 안다. 너무 자책하지 마라. 빚진 마음이 있었기에 방황하며 노력하는 수고도 있지 않았겠니?"

표지標識

지하철 계단을 쏜살같이 내려갔다. 텅 빈 플랫폼에서 방금 떠난 열차의 긴 꼬리가 보인다. 또 후회한다. 집에서부터 조금만 서둘렀더라면 동네의 셔틀버스를 놓치지 않았을 테고, 그랬다면 방금 떠난 전동차를 탔을 테고, 그랬다면 목적지에 닿을 때 헐레벌떡 숨을 몰아쉬는 일은 없을 텐데.

'클레오파트라의 코가 조금만 낮았더라도 이 지상의 모든 것은 달라졌을 것'이라는 파스칼의 말이 지하철 플랫폼에서 생각난 것은 오늘뿐이 아니다. 해마다 나의 신년 계획은 '품위있게 외출하자.'는 것이다. 이 작은 다짐 하나 지금껏 실행에 옮기지 못하니 내 마음 나도 모르겠다. 또 모를 일은 이렇게 위태위태하면서도 목적지에 닿으면 지각할 때보다 그렇지 않은 때가 더 많다는 것이다. 돌이켜 보면 갈팡질팡 허둥대는 나를 오늘까지 지탱해 준 것은 어느 시인의 말대로 팔 할이 바람이었다.

나의 게으름은 바람에 대한 막연한 신뢰였는지도 모른다. 세월이 흐를수록 그 바람 속에서 친정아버지의 얼굴이 떠오른다. 아버지의 막내딸에 대한 사랑은 시집보내면서 더욱 두드러졌다. 부모님은 내심 내가 시집을 좀 늦게 가기를 원하셨다. 내 탓이기도 하다. 여고시절부터 '시집 안 간다' 는 말을 입에 달고 살았기 때문이다. 턱도 없이 막내딸을 '큰 인물' 로 키워보고 싶은 부모님의 기대를 한껏 부풀려놓으려는 관심 끌기 작전이었을 것이다. '그 앤 시집을 좀 늦게 보낼 것' 이라는 어머니의 포부에 단골점쟁이는 '그렇게 안 되겠다.' 고 점괘를 뽑았지만 어머니는 믿으려 하지 않으셨다.

대학원 진학엔 예나 지금이나 두 부류가 있다. 취직할 동안 간이역쯤으로 머물거나 아니면 군입대를 늦추어 보려는 도피족과, 인생을 걸고 학문을 해보겠다며 천직을 물색하는 학동들이 있다. 나는 그 어느 부류에도 속하지 않았다. 지금처럼 대학원 진학이 흔치 않던 시절 언감생심 대학원을 꿈꾼 것은 학문에 대한, 아니 '정신적인 것' 에 대한 막연한 항일성 때문이었다. 내 안에 있는 속물근성은 항상 나와 반목했다. 세속을 포기할 만한 용기도 없으면서 속물은 싫었다. 대학원에서 만난 박사과정의 노총각 하나가 '대지에서 탯줄이 떨어지지 않은 날 것' 이란 말을 생각나게 했다. 해바라기처럼 나의 눈은 그의 움직임을 따라 돌아갔다.

《아벨라르와 엘로이즈》는 중세 프랑스에서 있었던 연인들의 러브스토리다. 수도원의 신학교수 아벨라르가 당시 여성으로서는 흔치 않게 학문을 좋아하고 배우기를 좋아하는 엘로이즈의 가정교사가 되면서부터 그들은 학문보다 사랑에 열중했다. 시대는 달라도 그들의 사랑이야기 속에서 간간이 나를 만날 수 있었다. 그러나 중세에 태어난 그들 연인이 사랑의 대가로 치른 형벌은 가혹했다. 엘로이즈는 수녀원으로 보내졌고 아벨라르는 교수직은 물론 세상에서 누리던 모든 명성을 잃게 된다. 중세에 태어나지 않았기에 암흑시대의 형벌은 면했지만, 나에게도 하늘로부터 경고 메시지가 몇 번 날아왔다.

내가 사랑에 빠져있다는 걸 가족들이 알게 된 것은 병원의 응급실에서였다. 극장에서 영화를 보고 나오니 장마 빗줄기가 억세게 쏟아져 내리고 있었다. 우리는 건널목 앞에서 신호등을 기다렸다. 택시 한 대가 내 앞으로 미끄러져 올 때 눈이 부시던 헤드라이트만 생각난다. 눈을 떠보니 병원이었다. 부모님 몰래 데이트하다가 큰일을 저질렀으니 대책이 서지 않았다. 꼼짝없이 가족들에게 들통이 나버렸다. 출발도 하기 전에 우리의 인연 속에서 크든 작든 교통사고가 났으니 부모님의 심중이 얼마나 무거웠을지 그 땐 미처 헤아리지 못했다. 오히려 우리가 스스로 알리지 않아도 다 때가 알아서 우리를 도와준다고 생각했다.

어느 아버지인들 딸 시집보내며 속으로 울지 않을까마는 아버지의 섭섭한 마음속엔 특히 내가 대학원을 마치기도 전에 시집간다는 미완의 아쉬움도 있었을 것이다. 서울에서 결혼식을 마치고 시골에 있는 시댁으로 폐백 드리러 가는 날이었다. 아버지는 후행 길에 몸소 나서셨다. 그것도 오빠와 남동생을 대동하시고. 지금은 두 시간 반이면 대관령의 고속도로를 질주해서 시댁에 닿지만 60년대엔 기차로 돌아돌아 열두 시간 걸리는 한국 땅에서 가장 먼 여행길이었다.

목적지에 내린 일행은 택시 두 대에 나누어 타고 대관령 기슭의 시댁을 향해 달렸다. 앞 차에는 아버지와 오빠와 동생이, 뒷차에는 신랑신부가 탔다. 신작로를 벗어나 시골길로 들어서니 흙길이긴 하지만 택시가 못 다닐 만큼 좁거나 험하지는 않았다. 울창한 송림松林 사이로 까만 기와지붕이 보인다. 처음 만나는 시댁을 백 미터쯤 앞에 두고 있을 때였다. 앞 차가 정말 믿어지지 않게 스르르 오른쪽 밭고랑으로 누워버린다. 마치 피곤한 사람이 방바닥에 눕듯 어처구니없는 자동차의 몸짓이었다. 폐백 술병을 품에 안고 있던 남동생이 제일 먼저 택시 밖으로 빠져 나왔고 승객은 모두 무사했다. 그 날의 충격 속에서 날이 갈수록 점점 진한 물감으로 묻어나오는 장면이 있다.

얼굴이 창백해지도록 놀라신 아버지는 그 와중에도 "술병조차 까딱 없이 무사했다."며 애써 사고의 흔적을 털어내려 하셨다. 순간 나는 아버지의 안도감 속에 묻어있는 예언적 기원의 무게를 느낄 수 있었다. 살아오면서 장애물 경기를 넘을 적마다, 시집가던 날 깨어지지 않은 술병을 대견해 하시던 아버지가 생각났다. 겁없이 달려온 길을 뒤돌아보니 지뢰밭도 많았다. 그것이 지뢰밭인 것조차 감지할 수 없었으니 지뢰를 밟지 않은 걸음걸음은 내가 해낸 것이 아니었다. 신이 나의 길 위에 준비해 놓은 표지標識를 읽지 못한 문맹이었다. 다만 대속代贖의 은총만을 온몸으로 느끼며 살고 있다.

때를 맞추어 시중時中의 삶을 살지 못한 것은 지하철 계단을 숨 가쁘게 오르내릴 때뿐만이 아니었다. 내가 시집가던 날, 멀쩡한 평지의 전원에서 위기를 자초한 택시 운전기사만큼 내 삶의 운전솜씨도 어처구니없이 서툴렀다.

4부

룩소에서 종묘까지
경박한 여행자
목동의 핸드폰
화계사 가는 길
루이스 호수의 물빛
어떤 산행
미완未完의 나그네
부활을 위한 마지막 준비

룩소에서 종묘까지

초등학교 시절부터 소풍철이 되면 경복궁, 창경궁, 덕수궁 등은 단골 행선지였지만 종묘宗廟를 답사한 기억은 없다. 비록 왕들의 것이라 해도 사람들은 사자死者들과 관계된 곳엔 가까이 가기를 꺼려한다.

이집트 여행에서 돌아와 생각해 보니 둘러본 것이라곤 고대 이집트 왕들의 죽음에 관한 것뿐이었다. 카이로 근교 기제의 피라미드, 고고학 박물관의 미라, 룩소에 있는 신전들, '왕들의 계곡' 에 즐비한 파라오의 무덤들, 모두가 죽은 왕들의 것 아니면 그들이 섬기던 신들의 것이었다.

룩소의 나일 강 동쪽은 신들의 땅이었다. 4000여 년 전 짓기 시작되었던 까르낙 신전은 역대 파라오마다 자신의 이름과

치적을 새겨 넣으며 증축 보수했으니 사실상 1500년 동안 건축이 계속된 셈이다. 신전의 터는 눈이 닿지 않게 넓은데 건물 잔해의 거대한 아름드리 황토색 기둥들은 공룡의 탈골된 형체마냥 황량하기 이를 데 없다. 사제들의 찬양도 예배자의 발길도 끊어진 지 오래다. 사람이 들락거리지 않는 신전에 신이 혼자 머무를 리 없다. 폐허가 된 신전은 사막의 황토색 뙤약볕 아래서 수천 년을 살면서 서서히 죽어가고 있었다. 사람도 신도 떠나버리고 소리 없이 쇠락하는 신전의 마당엔 메마른 잡초가 유일한 생명이었다.

서울에서 태어나 평생을 살면서도 지척에 있는 종묘를 찾지 않은 나의 게으름은 이집트여행에서 돌아온 후 끝이 났다. 종묘를 찾은 것은 한줄기 소나기가 지나간 7월의 오후였다. 울 안에 들어서니 우거진 푸른 수목들이 싱그럽다. 이집트의 황토색에서 느낀 빛 바랜 죽음의 색깔이 아니었다. 단순 일자형으로 지어진 정전正殿은 단청도 문양도 없이 옆으로 땅 끝까지 펴져나갔다. 대지의 품에 안기듯 나지막한 지붕의 추녀가 건물 높이의 반쯤을 덮고 있다. 솟치지 않은 절제된 건물은 사후의 복락을 전능자에게 위탁한 몸낮춤일 것이다. 조선조의 왕은 모두 스물일곱 분인데 종묘에 신위가 모셔진 왕은 스물다섯 분이다. 종묘를 둘러보며 생각했다. 우리는 죽은 자들의 알몸을 그들의 변명 없이, 오직 살아있는 사관史官의 안내에 따라서만 만나볼 수 있다고.

연산군과 광해군은 폐위된 왕이라서 죽은 후에도 종묘에 들어가지 못했다. 영혼이 종묘에 머물지 못할 뿐만 아니라 그들의 사초마저 조선왕조실록에서 삭제되었다. 따로 《연산군일기》, 《광해군일기》로 보존되고 있을 뿐 정사에서는 배제되었다. 특히 광해군은 임진왜란 때 소실된 이 종묘를 1608년 즉위년에 재건, 증축한 왕이다. 공들여 재건한 종묘에서 자신의 혼백이 제사 한 번 받지 못하고 쫓겨난 속사정이야 있었겠지만, 생각할수록 역사가 두렵다. 구천을 떠돌 광해군의 혼백은 어디에 머물고 있을지. 석양에 종묘 문을 걸어 나오는데 문득 이집트에서 만나 본 또 한 사람의 왕이 생각났다.

고대 이집트에도 자신이 지어놓은 장제전에서 단 한 번의 제사도 받지 못하고 쫓겨난 왕이 있었다. 세계의 역사 속에서 최초의 여왕이었던 핫셉슈트가 비운의 주인공이다. 파라오들의 무덤이 모여 있는 '왕들의 계곡' 입구에는 사진에서 보았던 핫셉슈트 여왕의 웅장한 장제전이 있다. 장제전은 파라오가 죽은 후 장례와 제사를 전담할 신전이지만 대부분의 파라오들은 생전에 자신의 장제전을 미리 지었다. 그녀는 황토의 바위산 입구 절벽을 깎고 자신의 장제전을 이승의 권세에 걸맞게 야멸차고 화려하게 지었다. 수천 년을 황토 속에 묻혀 있다가 1896년에야 프랑스의 고고학자에 의해서 발굴된 건축물이다.

고대 이집트 왕가의 결혼은 지금의 눈으로 보면 망측스럽기 짝이 없는 근친혼의 소굴이었다. 파라오는 가장 진한 왕가의 피를 가진 여성의 남편일 때만 파라오일 수 있었다. 왕과 왕비가 모두 왕족이어야 된다는 이집트 왕실의 전통이 생물학적 순종주의에서 왔는지 아니면 왕비를 밖에서 데려오면 외척이 득세할까 두려워서였는지 모르지만, 어떤 파라오는 자신의 딸들, 자신의 어머니와도 결혼하며 왕권을 지켰다니 아무리 시대가 다르고 땅이 다른 곳의 풍습이라도 듣기에 해괴하기만 하다.

비운의 여왕 핫셉슈트는 이복동생 투투모스 2세와 결혼했으나 후사 없이 스무 살의 젊은 나이에 과부가 되었다. 대통을 이을 후계자는 9살배기 의붓아들이었다. 남편이 첩의 몸에서 남기고 간 어린 의붓아들을 섭정하면서 그녀는 남장을 하고 수염을 만들어 붙이면서까지 실세의 파라오 행세를 했다. 그러니까 인류역사상 최초로 여왕이 된 그녀도, 파라오가 반드시 남성이어야 한다는 통념을 깨트리지는 못했다. 대신 자신의 여성성을 깨트림으로써 왕권에 대한 강한 집념을 불태운 파라오였다.

여왕의 절대권력은 의붓아들인 미래의 파라오 투투모스 3세가 30세가 되어도 이양될 줄 몰랐다. 권력이란 빌려 쓴 장리쌀 갚듯, 때가 되면 순순히 반납할 수 있는 것이 아님은 예나 지금이나 다르지 않은가 보다. 20년 이상 뒷방에 유폐되었던 의붓아들은 30세가 되던 해 자신이 진짜 파라오임을 선언하고 의붓어머니 핫셉슈트에게 도전해서 왕권을 탈환했다. 왕좌에서 쫓겨난 여왕의 갑작스런 사망은 오늘까지도 사가들의 의문거리다. 선왕인 의붓어머니가 죽자마자 새로운 왕은 즉시 역사 속에서 그녀의 흔적을 없애기 시작했다.

핫셉슈트 여왕이 지어놓은 장제전의 화강암 벽면에는 그녀의 출생에서부터 통치에 이르기까지 갖가지 부조가 가득하다. 심지어 여왕의 어머니가 아문 신과 결합하여 그녀를 낳았다는 신화도 그려져 있었다. 그러니까 그녀는 신의 딸이었다. 그러나 그것은 살아있는 동안 뿐이었다. 가장 큰 화강암의 한쪽 벽에서 시선을 끄는 것이 있었다. 인물은 없고 사람의 형체만 알아볼 수 있는 거대한 실루엣이었다. 하얗게 쪼아진 실루엣은 새로 등극한 투투모스 3세가 석공들의 손을 빌려 선왕인 의붓어머니의 초상을 역사에서 지워버린 흔적이라고 했다. 왕은 선왕의 제사를 지내주기는커녕 그 영혼이 장제전에 머무는 것조차 허용하지 않은 것이다. 죽은 자는 역사의 텍스트일 뿐, 역사의 해석은 철두철미하게 산 자의 몫이구나 싶었다.

이제 핫셉슈트나 투투모스 3세나 모두 죽은 자가 되어 힘없기는 마찬가지다. 오늘날 이집트의 무슬림들은 말할 것도 없고, 세상의 그 어느 곳에서도 파라오들의 영혼을 위해서 제사를 받치는 사제의 손길은 없다. 살아있을 때의 권력으로 자신의 장제전을 짓는 일까지는 할 수 있지만, 자기 손으로 자신의 제사를 지낼 도리는 없는 법. 이 자명한 이치를 아는 데에 실패한 인생이 어찌 조선왕조의 폐주나 이집트의 파라오뿐일까.

유네스코는 종묘를 세계문화 유산으로 지정했다. 역대 왕들의 신위를 한 자리에 모시고 때를 찾아 제사를 올리는 이 사당은 절제된 건축미에서 뿐만 아니라, 살아남은 후세인들에게 사후의 일을 맡긴 현명한 선택에서도 세계의 문화유산이 될 만하지 않은가.

경박한 여행자

아메리카 땅을 발견한 콜럼부스의 여행에서부터 김삿갓의 방랑여행에 이르기까지 우리는 수없이 많은 인류의 여행을 알고 있다. 진실로 한 여행자의 삶을 바꾸어 놓고 급기야 한 시대의 이름까지 바꾸어 놓은 여행을 나는 괴테가 쓴 그의 《이탈리아 여행》에서 보았다.

이탈리아를 여행하고 싶은 괴테의 소망이 얼마나 간절했으면 "나의 유일한 소망은 어떤 대가를 치르더라도 이탈리아를 한번 여행하는 일이다. 그렇게만 된다면 익시온(제우스의 노여움을 사서 불 수레에 끌려가는 그리스 신화의 인물)처럼 바퀴에 매달려 로마로 끌려간다 해도 한 마디의 불평도 하지 않겠다."고 했을까. 당시 문화적 최상류층에 속했고 지위와 부를 모두 갖춘 괴테가 이처럼 간절하게 이탈리아 여행을 염원한 걸

보면 그 시대의 이탈리아가 독일에서 얼마나 먼 나라였는지 짐작할 수 있다.

지금이야 아시아의 끝에 있는 우리나라의 보통사람들도 매일 수도 없이 떠나는 로마관광이 아닌가. 10시간 남짓이면 로마를 이웃집처럼 드나들 수 있는 오늘의 우리가, 천신만고를 각오하고 마차여행을 감행한 그 옛날의 괴테만큼 로마에서 많은 것을 볼 수 없는 까닭은 무엇일까.

괴테의 나이 38세 때 그러니까 1786년 드디어 그처럼 애타게 소망하던 이탈리아 여행이 이루어진다. 그는 10여 년 동안 바이마르공국의 추밀고문관직을 맡고 있는 동안 줄곧 자신을 구속하고 있던 공직의 사슬을 끊고 싶어했다. 드디어 조용히 독일을 탈출하여 이탈리아로 향한다. 이 탈출은 후에 독일문학사를 두 시대로 나누는 분수령이 되기도 한다.

로마에 도착한 괴테는 많은 유적들을 만나면서 그 놀라움과 기쁨을 이렇게 담아냈다.

"로마에 와보니 지금까지 가지고 있던 개념들은 마치 어릴 적에 신던 신발 같다는 생각이 든다. 나를 내부로부터 개조하여 다시 태어나게 하는 작용이 계속되고 있다. 나 자신을 부정하지 않으면 안될수록 더욱 즐겁다."

자기 부정의 순간이 어찌 괴테 같은 위인에게만 있을까. 우리네 보통사람도 어제까지의 삶을 몽땅 없었던 것으로 지워버리고 다시 시작하고 싶은 도주의 충동 같은 것을 느낄 때가 수도 없이 많다. 하지만 괴테가 로마에서 체험한 자기부정은 이런 절망과 탄식의 자기 도피가 아니라 전광처럼 번득이는 환희와 놀라움의 자기 발견이었을 것이다.

특히 시스티나 성당의 천장에 그려진 미켈란젤로의 〈천지창조〉를 올려다보던 괴테는 "자연조차도 이 거장만큼의 취향을 갖지 못할 것 같다."라고 감탄했다. 자연이라는 말이 품고 있는 불가사의한 완전성을 괴테가 모를 리 없건만 작품에서 받은 '창조'의 영감이 얼마나 감동적이었으면, 천지를 창조한 시원적 창조주의 취향보다 이 거장의 취향을 더 우위에 놓고 싶었을까. 괴테는 미켈란젤로의 작품들을 만나면서 작품의 눈높이대로 자신이 고양되고 있음을 고백했다.

자연의 세계는 언제나 인간보다 품위있게 마련이다. 아니 품위있는 그 세계를 우리는 자연이라고 부른다. 인간의 영혼을 거쳐서 나오는 작품이 예술이라면 예술가의 궁극적 소망은 자연과 하나가 되는 것이리라. 그러나 예술가의 노력과 재능이 아무리 탁월하다 해도 결코 인간의 작품이 자연과 같아지는 일은 일어나지 않을 것이다. 신이 인간에게 자신의 자리를 내어줄 리 없다. 다만 인간에게 자연의 품위를 느낄 수 있는 안목을 부여해 준 신의 배려가 참으로 놀랍다.

괴테가 독일 땅을 떠나던 때의 독일사회는 어수선하기 짝이 없었다. 시대를 짓누르고 있던 도덕과 합리성에 식상한 젊은이들이 모든 전통적인 것에 반항하며 격정을 불태우던 질풍노도의 시대였다. 독일문학사는 이 시대를 글자 그대로 '질풍노도'라고 이름지었다. 이 시대를 가장 잘 표현해주는 대표작이 저 유명한 《젊은 베르테르의 슬픔》이다.

이탈리아 여행에서 돌아온 괴테는 자신이 떠나기 전에 독일 땅에서 품고 있던 저항의식은 기껏해야 시대정신에 대한 반동反動이었음을 알게 되었다. 인간이 추구해야 할 더 높고 더 넓은 본질의 세계에서 바라보면 한 시대의 시대정신이란 그리 대단한 것이 아님을 깨달은 것이다. 그의 가슴속엔 이제 질풍노도의 파토스 대신 자연을 향한 에토스의 새로운 세계가 열리고 있었다. 괴테가 이탈리아 여행에서 돌아온 이후를 '독일고전주의' 라고 부를 만큼 괴테는 다시 태어났고 그의 시대는 새로운 이름을 갖게 되었다.

생각해 보면 괴테가 이탈리아에서 그토록 자기부정의 기쁨을 누릴 수 있었던 것은 그곳으로 가기 전 독일에서의 삶이 있었기 때문이다. 독일에서의 극심한 사회적 격동과 질풍노도의 개인적 고뇌가 없었다면 이탈리아에서의 눈뜸도 없었을 것이다. 오죽했으면 그는 《젊은 베르테르의 슬픔》을 완성한 후 다시는 그 책을 읽지 않았을까. 책을 쓸 때 자신이 겪었던 고통스런 격정을 다시 불러들이기가 겁이 났다고 했다. 이 한 권의 명작 속에는 괴테의 이글거리는 파토스가 지금도 불타고 있다.

한 시대의 시대정신은 고사하고 고작해야 하루하루의 반복되는 일상사 속에서 하찮은 일로 상처받고 근심하는 우리에게도 구원의 여행은 있을 것인가.

당시 로마를 대충 보고 떠나는 경박한 여행자를 보고 괴테는 적지 아니 놀랐다고 쓰고 있다. 30여 년 전 로마를 잠깐 볼 수 있었던 나도 경박한 여행자였음은 말할 것도 없다. 그러나 로마가 하루아침에 이루어진 것이 아니듯 경박한 여행자도 하루아침에 로마에서 생겼다 없어졌다 하는 것이 아니다. 내가 태어난 이 땅도 로마보다는 좀 더 오래 머무를 수 있는 여행지일 따름이다. 우리의 생애 전체가 여행이거늘 로마 땅에만 경박한 여행자가 따로 있을까.

무엇을 위하여 어디로 떠나는 순례인지 생각할 것도 없이 여행이라면 무턱대고 떠나고 보려는 나의 여행탐식증은 이런저런 일상사에 부딪혀 그 꿈이 산산이 부서질 때가 허다하다. 떠나는 것이 능사가 아님을 어찌 모르겠는가. 그리고 괴테가 미켈란젤로의 작품 앞에서 체험한 돈오頓悟의 파격이 나에겐 일어나지 않을 것임을 어찌 모르겠는가.

그래도 "떠나야지, 떠나야지."를 수도 없이 되뇌이며 살고 있다.

목동의 핸드폰

'텔레비전을 끄면 가족이 보인다.'

한 지붕 밑에 살면서도 서로를 상실하고 있는 동거미아들이 드디어 가족 찾기에 나섰다. 한국, 일본, 미국 등 문명국가들 안에서 늦게나마 텔레비전에 빼앗긴 가정을 되찾고자 텔레비전 안 보기 운동이 한창이다.

얼굴이라는 단어가 정신이라는 '얼'과 모양이라는 '꼴'이 합쳐진 얼꼴에서 왔다는 해석은 그럴듯하다. 인간은 본시 꼴보다는 얼에 더 집착하는 영물이 아닌가. 얼을 몽땅 빼앗긴 치매 환자로 오랜 수명을 누리고자 원하는 사람이 없는 걸 보아도 알 수 있다. 아침 저녁 얼굴을 마주하는 가족들이지만 텔레비전 앞에 앉으면 얼도 꼴도 모두 증발해 버린다.

식은 죽 먹기가 아무리 쉽다지만 텔레비전을 보는 일보다 쉬

울까. 책읽기도 신문읽기도 텔레비전 보기에 비하면 노동이다. 수상기 앞에 앉으면 스스로 사유하고 고민할 필요가 없다. 영상이 먹여주는 메뉴를 앉아서 받아먹기만 하면 된다. 바보상자라는 말은 그래서 나왔을 것이다. 거실에서 텔레비전 수상기를 치우는 일은 단순히 가구를 치우는 일이 아니라 가족의 얼을 살려내는 일이다. 문명의 피해로부터 보호받고 싶은 현대인의 소망이 없는 것은 아니지만 우리는 어느새 문명의 편리함이 잡아끄는 유혹에 두 손 들고 말았다.

IT산업의 비약飛躍은 글자 그대로 새가 날고 물고기가 뛰듯 힘이 넘친다. 외국에 나가보면 한국이 이 IT혁명에 주역을 맡고 있다는 사실이 더욱 선명해진다. 모스크바 시내를 흐르는 강 위엔 LG브리지가 있다. 다리의 난간 전체를 한국 LG의 핸드폰 광고가 독점하고 있기 때문에 붙여진 이름이다. 언젠가 우리의 대통령께서 외국순방을 마치고 돌아온 후 '나가보니 기업이 국가이더라.' 며 경이를 표했는데 나같이 나라살림, IT산업에 대해서 아는 것이 없는 평범한 주부는 경이를 넘어 충격을 받을 만도 하지 않은가.

종주국답게 한국의 보통사람들은 유럽이나 미국의 보통사람들보다 IT혁명의 이익을 톡톡히 누리며 살고 있다. 첨단성능을 갖춘 앙증맞게 작은 핸드폰 하나로 외출 중에도 집 안의 전기 스위치를 켜고 끌 수도 있다니 이제 도깨비 방망이는 어린이들의 동화가 아니다. 역사는 이 변화를 혁명이라고 부를 만도 하다.

TV가 큰 바보상자라면 핸드폰 또한 작은 바보상자가 되어 가고 있음은 안타까운 일이다. 사람과 사람의 만남에는 타인과의 만남만 있지 않다. 나와 나 자신과의 만남은 그보다 더 운명적이다. 자신과의 내밀한 만남에 성공하지 못하면 타인과의 관계도 겉돌게 마련이다. 핸드폰이 울리지 않는다고 세상으로부터 소외감을 느낀다면 혹시 자기자신과의 소통이 닫혀있는 게 아닌지 한번 들여다볼 일이다. 밖으로 향해있는 마음을 끊임없이 안으로 거두어들이라는 2천 년 전 맹자의 구방심求放心은 어쩌면 오늘 같은 자기상실의 시대를 위하여 준비된 덕목인지도 모른다. 우선 나를 내 안으로 거두어 들이지 않고서야 어찌 나를 만날 수 있겠는가.

정치가의 파트너는 국민이고 사업가의 파트너는 고객이다. 그들은 끊임없이 파트너와 대화해야 목적을 이룰 수 있지만 글을 쓰는 작가의 파트너는 밖에 있지 않고 안에 있다. 치열한 자기와의 만남 없이 좋은 글을 쓰는 길은 없다. 작가 개인의 자기탐구가 독자의 삶을 함께 풍요롭게 함은 인간의 실존구조가 보편성을 가졌기 때문일 것이다. 광부가 광맥을 찾아 지하로 내려가듯 문학은 인간의 보편적 실존성을 향해서 끊임없이 떠나는 여행이다. 철학가 하이데거가 자신의 글을 "작품(Werk)이 아니라 길(Weg)일 뿐이다."라고 한 말은 우리의 글 쓰는 자세를 돌아보게 한다.

몽골의 초원을 달리는 원주민들의 시력은 보통 2.0을 넘는다고 들었다. 문명인이 문명에 코드를 맞추듯 자연 속에서 사는 원주민들의 육체는 우주에 코드를 맞추게 마련인가보다. 지구의 곳곳에 살고있는 원주민들은 시력만 멀리 볼수 있는 것이 아니라 생각과 느낌도 도시인들과 비교할 수 없을 만큼 우주적이다. 몇 년 전 악몽 같은 서남아시아의 쓰나미 해일 때 재앙을 피해서 살아남을 수 있었던 생명은 바닷가 정글에 살고 있던 동물과 소수의 원주민들이었다.

그들이 해일이 일어나기 전에 몸을 피할 수 있었던 것은 과학적 지식이 아니라 몸으로 느끼는 우주와의 소통이었다. 우리네 보통사람의 육체와 영혼도 때 묻기 전엔 자연의 일부였을 것이다. 태초에는 인간에게 천상의 소리를 들을 수 있는 양지양능良知良能의 귀가 열려 있었을 터지만 오늘을 살고 있는 우리는 하늘의 소리를 들을 수 있는 참 예언자를 갖지 못했다.

지난해 터키의 내륙을 육로로 횡단할 때였다. 로마시대의 기독교 유적지인 에베소를 떠나 역시 기독교인들의 은둔처였던 가빠도기아로 가는 장거리 주행 중이었다. 터키 땅은 아시아와 유럽의 교두보라는 지형적 위치 때문인지 역사와 문화의 나들목도 다양했다. 로마제국의 영토이기도 했고, 동로마가 분리되어 나오면서 비잔틴문화의 화려한 중심지이기도 했던 땅이다. 15세기 오스만 투르크의 정복 이래 오늘의 이슬람 문화가 눌러앉은 나라다. 중국의 서안에서 출발하는 실크로드의 종착도 이

곳이 아니었던가. 낙타가 아닌 버스로 평원을 횡단하면서도 주위에 어디 옛 캬라반들의 주막이 없나 두근거리는 가슴으로 둘러보았다.

버스가 우리의 읍면쯤 되는 작지도 크지도 않은 마을의 외곽을 지나는데 차창 밖에는 양떼와 목동의 모습이 한 폭의 그림처럼 평화롭다. 넓지 않은 평원이지만 파란 하늘 아래 양떼를 몰고 가는 목동의 모습은 서울 나그네의 가슴에 진원을 알 수 없는 그리움을 안겨주었다. 그런데 차가 움직이면서 좀더 가까이에서 보니 목동의 모습이 영 목가적이 아니다. 앞에선 작은 개 한 마리가 양떼를 인도한다. 맨 뒤엔 나귀를 탄 목동이 한 손엔 긴 막대를, 다른 손엔 핸드폰을 들고 통화에 여념이 없다. 목동의 핸드폰에선 하늘의 소리라도 들린단 말인가. 목자의 자리를 개에게 내어주고 자신은 핸드폰에 열중하고 있는 목동을 보니, 양들이 목동으로부터 버림받은 것 같아 안쓰러워 보였다.

핸드폰이 울리면 목동보다 더 빠른 동작으로 움켜잡는 나도 내 안에 동거하고 있는 양들을 돌볼 겨를이 없다. 버림받고 있는 양들의 볼멘소리가 들린다.

'핸드폰을 끄면 내가 보일 텐데.'

화계사 가는 길

가톨릭 방송의 채널을 눌렀다. 난데없이 불교음악과 승무의 춤사위가 화면을 가득 채운다. 한눈에 봐도 예술 공연은 아니다. 불교의식이 제대로 거행되고 있었다. 혹시 방송 채널이 헷갈렸나 싶어 돌려봤지만 분명 가톨릭 방송이었다. 자막을 보고서야 무슨 영문인지 알 수 있었다. 석가탄신일을 축하하기 위해 가톨릭 방송이 마련한 불교 특집방송이었다. 종교가 달라서로 반목하는 사람들에겐 좀 기이했을지 모르나 반가웠다.

내가 살고 있는 북한산 기슭의 수유리 누옥에서 멀지 않은 곳에 화계사가 있다. 《하버드에서 화계사까지》로 꽤 알려진 미국인 현각스님이 계시는 사찰이다. 예일과 하버드에서 그리고 독일의 프라이부르크 대학에서 철학과 종교철학을 공부한 폴 뮨젠이라는 미국청년은 스스로 고백하듯, 진리를 밖에서 찾는 일에 실패했다. 철학이라는 학문 속에 갇혀있는 죽은 진리는 그에게 생명을 불어넣지 못했다. 독일에서 다시 하바드로 돌아와 숭산스님을 만나면서 그는 살아있는, 살아서 걸어다니는 진리를 만났다고 술회했다. 1970년대부터 미국에서는 이미 숭산스님의 법문이 파란 눈의 젊은이들을 매혹시키고 있었다.

청년 폴은 이제 속세의 철학도가 아니라 출가수행자 현각스님이 되었다. 내가 현각스님에게서 느낀 친근감은 한 동네에 살고 있기 때문만은 아니다. 한국의 부모 중에도 자식이 출가수도자가 되는 것을 기꺼이 반길 부모는 많지 않다. 가톨릭 집안에서 성장한 폴은 부모님께 스님이 되겠다는 결심을 알리는 편지를 쓸 때, 부모님의 가슴을 칼로 찌르는 것같이 몹시 고통스러웠다고 회고했다. 고통은 헛되지 않아서 마침내 부모님은 아들을 이해하고 불교를 알게 되었다. 스님은 특히 불교의 진리에 꽤 깊이 입문하게 된 어머니를 퍽 자랑스러워했다. 현각스님이 감사하는 사람은 또 있었다. 큰 스승인 숭산스님을 만나게 되기까지 자신의 삶을 진리로 이끌어 준 예수그리스도께 감사한다고 했다. 스님의 열린 종교관을 대하니 평소에 간절히 입고 싶던 값진 옷을 공짜로 얻은 느낌이다.

스페인 여행 때 남쪽 안달루시아 지방에 있는 꼬르도바의 가톨릭 대성당엘 들렀다. 성당의 내부가 마치 여러 개의 종교가 모인 종교박물관 같았다. 촘촘히 세워진 그리스 로마시대의 배흘림 기둥들이 고색창연한 성당의 천장을 떠받치고 있었다. 이슬람의 아라베스크 문양이 새겨진 벽면이 있는가 하면 다른 한쪽은 가톨릭의 정교한 양식들로 화려했다. 스페인 역사 속에 있었던 종교전쟁의 퇴적층들이었다. 그렇더라도 오늘날 스페인의 가톨릭 교회가 옛 로마나 이슬람 양식의 흔적을 그대로 보존하고 있는 것이 일견 의아하게 느껴졌다.

문화 따로 종교 따로 구별해서 뒤섞지 않는 스페인 사람들의 딱 부러진 안목을 알아차리게 된 것은, 남쪽 땅끝 도시 그라나다에 이르러서였다. 지중해의 햇살이 찬란한 이 도시에는 이슬람 점령시대에 지었다는 알함브라 성과 왕궁이 있다. 궁안으로 들어서니 이슬람문화재를 복원하는 공사가 한창이었다. 오늘날 인구의 90퍼센트가 가톨릭 신자인 스페인이 정치적으로는 침략자요 종교적으로는 사탄이었던 이슬람의 왕궁을 국민의 세금으로 그토록 정교하게 복원하는 모습이 경이롭다. 비용이 너무 많이 들어서 한꺼번에 못하고 해마다 한쪽 벽, 한쪽 기둥을 복원해 가고 있다고 했다. 몇 해 전 아프가니스탄의 탈레반 정권이 거대한 간다라 불상을 우상숭배의 흔적이라며 폭파해 버릴 때, 온 세계인이 얼마나 가슴 아파했던가. 탈레반들도 스페인 사람들처럼 남의 종교를 종교로서가 아니라 그냥 문화로 받아들이기만 했어도 얼마나 좋았을까. 남의 종교가 아니라 다만 남의 문화를 아낀다는 이유만으로 내가 믿는 신이 노할 리야 없지 않은가.

한국 땅에선 유럽에서와 같은 종교전쟁이 없었다고는 하지만 불과 한 세대 전까지만 해도 종교가 다르면 그야말로 짐승처럼 보며 자신의 종교로 개종시키려고 물불을 가리지 않던 때도 있었다. 하나의 종교 안에서조차 자신이 속해 있는 교파만이 진리라며 팔을 잡아끄는 짓거리를 서슴지 않았다. 그 와중에도 이 땅의 많은 종교지도자들이 마음의 문을 활짝 열고 서로 대화하며 타종교의 지성소도 거룩한 곳임을 신자들에게 깨우쳐 준 용기와 지혜는 우리 모두에게 얼마나 큰 축복인가. 그들 성직자 중에는 남의 종교를 종교로서 존중한 대가로 핍박받고 파문 당한 분도 있었음을 우리는 알고 있다. 인도의 성녀 테레사 수녀는 병들고 굶주리는 힌두교인들을 돌보면서 단 한 번도 가톨릭으로의 개종을 권한 적이 없었지만 그 분이 몸으로 보여준 종교적 메시지는 교황님보다 강력했을지 모른다.

언젠가 크리스마스 때였다. 수유동 성당의 현관에 들어서니 단아한 난蘭 화분 한 개가 눈에 확 들어온다. "예수님 오신 날을 축하 합니다." 화계사 주지스님이 보낸 것이었다. 몇 달 후 화계사 가는 길에 현수막이 펄럭였다. "부처님 오신 날을 축하합니다." 수유동 성당에서 화답한 축하 현수막이었다.

가톨릭 국가인 스페인 사람들이 이슬람의 문화재를 끔찍이 아끼기는 하지만, 그들의 손길엔 문화와 종교를 이분화하는 서양인의 이지적 분별이 역력했다. 우리 동네의 현수막에서 풍겨나오는 그 무애의 활연豁然함 같은 것은 느낄 수 없었다.

지금 가톨릭 TV에서는 석가탄신일을 맞이하여 불교문화를 소개하고 있는 것이 아니다. 남의 종교를 나의 종교와 똑같이 종교로서 존중하고 있는 방송을 보면서 나도 모르게 온 마음이 훈훈해 왔다. 화계사 가는 길 위의 현수막이 스페인 여행 동안에 내 가슴에서 무시로 펄럭이던 기억이 새롭다.

루이스 호수의 물빛

여고를 졸업하던 날 소녀들에겐 사람의 환갑이란 나이가 얼마나 영겁으로 느껴졌던가. 졸업식 날 헤어지면서 우리들 중 아무도 환갑 때 어디에서 무엇이 되어 만나자고 약속한 사람은 없다.

졸업 당시 300명이던 동기생 중에서 오늘날 100명 이상이 해외에 거주하고 있으니 그동안 국내의 동창회는 이래저래 반쪽의 만남일 수밖에 없었다. 특히 미주지역에 살고 있는 많은 친구들이 해외에서 한 번 총동창회를 갖기를 희망해 왔었으나 우리는 그 시기를 회갑을 맞는 금년으로 미루어 왔다.

기왕에 만나면 캐나다의 록키산맥을 함께 구경하기로 하고 동창회 장소를 록키의 관문인 캘거리로 정한 터라 지금 나는 인천공항을 향해 달리고 있다. 공항행 리무진이 내부 순환도로에 진입하니 서울의 러시아워가 믿기지 않을 만큼 버스의 안과 밖이 고즈넉하기까지 하다. 이민을 떠나는 것도 아니고 가족을 떠나 수년간 외국에 체류할 계획이 있는 것도 아닌데 왈칵 눈물이 솟는다. 곧 그곳에 도착하여 40년 만의 해후가 이루어지면 우리는 의심없이 여고생으로 환생할 것이다.

첫 기착지인 밴쿠버 공항에 도착하니 이미 미주 각 지역에서 날아온 20여 명의 친구들이 서울에서 출발한 우리 일행을 기다리고 있었다. 얼싸안고 부둥켜안으며 강중강중 뛰어도 40년 만에 만나는 재회의 기쁨은 그칠 줄 몰랐다. 갑자기 축제의 한마당이 된 밴쿠버 공항의 외국인 여행자들도 우리들의 행복을 바라보며 만면의 미소로 함께 기뻐해 주었다. 아무도 우리들의 기쁨으로부터 방해를 받는 사람은 없는 듯했다.

호텔에서는 모두가 한 방에 모였다. 그처럼 오랜 세월 헤어졌었건만 진솔한 삶의 대화는 어제도 그제도 만났던 예사로운 친구의 평범함 그것이었다. 평범이야말로 비범의 유혹을 극복한 겸손의 은총이 아니던가. 스무 살의 무구無垢함에다 이순耳順의 평화가 더해지면 이토록 보기 좋은 여인이 될 수 있구나 싶었다. 새벽녘에야 잠시 눈을 붙이고 이튿날 우리는 이어서 캘거리행 비행기에 올랐다. 여기에서도 먼저 도착한 10여 명의 미주지역 친구들과 감격어린 재회가 이루어졌다. 만남의 숫자가 점점 늘어나니 조그만 캘거리 공항도 졸지에 환희의 물결로 출렁였다.

남북으로 갈라졌던 이산가족들이 오열하며 부둥켜안는 모습은 우리들에게 너무나 익숙한 만남의 장면이다. 이산가족이 되어보지 않았다 한들 어찌 그 만남의 전율을 함께 느끼지 못하리. 마땅히 함께 살아야 할 가족을 떨어져 살게 하는 정치는 그 체제의 이름이 무엇이든, 하느님의 창조질서에 대한 파괴요 도전이다. 비록 혈연의 가족은 아니더라도 보고 싶고 만나고 싶은 벗을 40년 동안 만나지 못했다면 그것도 창조주가 원하는 축복의 삶은 아니리라.

6·25 전쟁을 치른 후 우리의 국력과 국가적 위상은 지금의 제3세계 중에서도 거의 끝의 반열에 있었으니 우리보다 나은 것을 배우고, 나은 것을 체험하며 좀 더 인간답게 살기 위해서는 밖으로 밖으로 나갈 수밖에 없었다. 해외생활의 천신만고가 아무리 맵다 해도 당시 해외로 나갈 수 있는 사람은 그래도 선택된 행운의 주인공들이었다.

캘거리에서 최종으로 합류한 우리 모두는 이튿날부터 록키산 관광에 나섰다. 록키의 산세들은 내가 지금까지 갖고 있던 산의 통념을 깨어놓았다. 위로만 솟는 것이 산인 줄 알았더니 굉대한 바위들이 창공 어디쯤에선가 활처럼 휘어진 채 하늘에 매달려 있는 것도 산이었다. 나의 머리 속에 들어있는 산이라는 개념에 도무지 입력이 되지 않는다. 거대한 록키의 계곡을 달리는 동안만은 나의 가슴도 한없이 도량이 넓어진다. 모든 사람을 사랑하고, 모든 사람을 용서할 수 있을 것 같다. 자연의 생김대로 사람이 닮아간다는 이치가 빈 말이 아니었다.

이윽고 록키의 백미 루이스 호수에 닿았다. 호수가 시야에 들어오는 순간, 그 물빛의 고매함에 나는 넋을 잃었다. 푸르지도 않고 파랗지도 않은 호수의 물빛은, 선녀의 섬섬옥수에 옥반지가 끼워져 있다면 바로 저런 색이 아닐까 싶었다. 우리가 다니던 모교의 전통도 저 호수의 옥빛을 많이 닮았다. 오랜 세월 흩어져 있던 우리를 이토록 편안하게 어울릴 수 있게 하는 비밀도 바로 저 있는 듯 없는 듯한 옥빛의 숨결이리니. 호수가에 자리잡은 아담한 루이스호텔은 캐나다를 방문하는 국가 원수들이 즐겨 찾는다고 했다. 그립던 40년 전 벗들의 얼굴을 마주하고 호텔에서 커피 한 잔을 나누는 이 축복을 어찌 제왕의 수고로운 나들이에 비하랴.

우리는 록키의 비경을 헤집고 자동차 길이 끝나는 데까지 더 깊숙이 들어갔다. 깊이 들어갈수록 숙박시설이 없다니 캐나다 정부가 록키의 자연을 얼마나 아끼는지 알 수 있었다. 방에서 나오면 바로 마당을 밟게 되는 산속의 외딴 주막에 드니 어린애 같은 초심初心의 기쁨이 솟는다. 문명의 그림자가 발붙일 곳 없는 전설 같은 숙소에서 아쉽게도 우리는 하룻밤만을 묵고 다음날은 왔던 길을 되짚어 캘거리로 향했다.

차창 밖의 산들은 어제의 산이 아니다. 바라보는 위치가 다르니 산의 생김새도 새 얼굴을 하고 있다. 변화무쌍한 록키의 산세가 필림처럼 차창 밖으로 지나간다. 달리는 버스 안에서 우리는 한 사람씩 일어나 살아온 반평생을 담담하게 쏟아냈다. 해외에서 살고 있는 친구들의 목소리는 떨리고 있었다. 시집간 딸이 외지에서 친정붙이를 만나는 감격이 그러하리. 눈시울이 젖어 말을 잇지 못한다. 우리 모두는 목젖에 뻐근한 통증을 느끼면서 눈물을 삼켰다. 자신이 태어난 대지의 탯줄은 사람의 나이가 몇 살이든 어디에 살든 평생 동안 인간에게 회귀의 압력을 가하는가 보다.

캘거리 시내로 돌아온 우리는 조촐한 한국음식점을 빌려 비록 여행지이지만 꽤 격식을 갖추어 뜻깊은 동창회를 마련했다. 꿈같이 행복한 만남이었지만 40년 헤어졌던 아쉬움을 달래기에는 너무 짧은 시간이었기에 우리는 내후년에 다시 서울에서 동창회를 열기로 하고 석별의 가슴을 서로 위로했다. 외국에 나가 오래 살다보니 국적을 바꾼 친구들도 적지 않은 모양이다. 그들이 한국 땅에 오면 법은 그들을 외국인이라고 부를지 모르지만 그들의 영혼은 영원히 외국인이 될 수 없다. 오히려 이국 땅에 오래 살면 살수록 고향에 대한 그리움은 석류알처럼 붉게 익어갈 것이다.

생각해 보면 고향에 살고있는 사람이라고 해서 고향이 그립지 않은 것은 아니다. 인간은 누구나 자신이 태어난 우주 속의 탯자리를 막무가내로 그리워하며 살게 마련이다. 록키를 달리던 버스 안에서 미주지역 친구들의 젖은 눈시울이 우리 모두의 가슴을 하나로 이어놓은 것도 기실 우리 모두가 공유하고 있는 이 원초의 회향욕구 때문이었을 것이다. 고향 안에서도 고향을 그리워하는 인간의 숙명적 향수는 고통인 동시에 살아있음의 징표이기도 하다. 어느 시인의 노래이던가.

'고향을 차지한 사람에겐 더 이상 고향은 없다.'

어떤 산행

필리핀엔 별로 볼 것이 없었다. 360년이란 짧지 않은 세월 동안 스페인의 지배를 받았고, 20세기에 들어서서는 다시 50여 년 동안 미국의 점령국이었으니 자신의 전통적인 문화를 제대로 보존할 수 없었을 게다. 그곳엔 풍요로운 미국의 문명이 있는 것도 아니고 찬란했던 그 옛날 스페인의 문화가 있는 것도 아니다. 이것도 저것도 아닌 엉거주춤한 이형異形의 문화는 누가 보아도 고유한 필리핀 문화는 아니었다. 역사가 꼬일 대로 꼬인 이방의 땅 필리핀에서 나는 기이한 관광을 했다.

마닐라에서 그리 멀지 않은 곳에 팍상한폭포가 있다. 폭포엘 올라가려면 카누같이 생긴 나무배를 타고 계곡의 물줄기를 거슬러 올라가야 한다. 이 계곡이 폭포로 올라가는 유일한 길인지 아니면 관광 상품으로 개발한 코스인지는 알 수 없지만 어짰든 배를 타고 산으로 가야 한다. 중앙에 두 사람의 승객이 앉고 뱃머리의 앞쪽과 뒤쪽에서 사공이 노를 젓는다. 그러나 사공이 물 위에서 노를 저을 수 있는 코스는 출발할 때의 잠깐뿐이고 차츰차츰 계곡의 험준한 경사가 이어진다.

제멋대로 자리잡은 크고 작은 바위들 때문에 물줄기도 여러 갈래다. 물이 너무 얕아서 배가 물밑의 돌에 닿으면 두 사람의 사공은 젓던 노를 놓고 배 밖으로 나가 힘껏 배를 밀어 올린다. 경사가 심해서 밀어올릴 수조차 없을 때는 앞뒤의 사공은 숫제 카누를 번쩍 맞들어 위쪽으로 옮겨놓는다. 두 사람의 승객이 앉아 있는 무거운 배를 들어 올리는 사공들은 기운 센 장정이 아니라 열대여섯 살이 되었을까 하는 소년들이었다. 한참 학교 공부에 여념이 없을 나이다. 그들은 역사의 어느 줄기가 자신을 학교공부 대신 이렇게 팍상한폭포의 역류 위에 노를 젓게 만들었는지 묻는 기색이 없다. 온화한 얼굴이지만 그들의 눈동자에 드리워진 슬픈 그림자는 보는 이의 가슴을 어둡게 했다.

모처럼 남국의 자연 속에 마음과 몸을 흠뻑 적시었지만 소년들의 어두운 눈동자 앞에서 나는 여행의 즐거움에 탐닉할 수가 없었다. 소년들이 카누를 맞들어 올릴 적마다 승객은 반사적으로 앉았던 궁둥이를 번쩍번쩍 들며 좌불안석이다. 그때마다 소년들은 당황하는 얼굴로, 그렇게 하면 무게 중심이 흔들려서 위험하니 가만히 앉아 있으라고 손짓한다.

계곡을 거슬러 올라가는 뱃길은 소년들에게만 힘겨운 여로가 아니었다. 배 안에 앉아서 이들을 지켜보아야 하는 승객의 가슴에도 똑같이 역류의 고통을 안겨주었다. '배를 끌고 산으로 간다.' 는 말은 순리順理를 어기고 역리逆理를 선택하는 만용을 꾸짖는 말이 아니던가. 한 시간 남짓한 뱃길은 한마디로 자연에 저항하는 배반의 항로였다. 드디어 팍상한폭포가 시야에 들어온다. 규모로 보거나 경관으로 보아 제주도의 정방폭포보다 크지도 높지도 않은 자그마한 폭포다. 이것을 보기 위해서 험난한 계곡을 그토록 힘겹게 올라왔단 말인가.

관광의 목표는 처음부터 폭포가 아니라 계곡의 뱃길 그 자체였다는 것을 폭포에 이르러서야 알게 되었다. 폭포 앞에 내려서 잠시 쉬는 동안 수고한 소년들에게 음료수와 간식을 좀 사주려고 했더니 극구 사양한다. 내려갈 길이 먼 것을 생각하니 안쓰럽긴 했지만 그들의 뜻에 따르기로 했다. 잠시 휴식을 취한 후 우리는 곧 하행 길에 올랐다. 그런데 내려갈 때의 가속력은 우리의 상상을 초월했다. 사공들이 간식을 사양하고 빨리 내려가길 바라던 이유를 알 수 있을 것 같았다. 쏜살같이 미끄러지는 카누를 견제하고 조정하는 사공들의 솜씨가 일품이다.

승객들의 가슴도 올라갈 때처럼 우울하지 않았다. 제법 스릴을 느끼며 어린아이들처럼 환호했다. 가만히 있어도 물의 흐름이 배를 인도했고 마치 스키선수들이 설산 위에서 기문旗門을 돌 때처럼 바위와 바위 사이를 정신없이 돌아서 순식간에 처음 출발했던 자리로 되돌아오는 것이 아닌가. 그 경쾌함은 물의 흐름을 거슬러 올라가던 상행길의 고통을 잊게해 줄 만했다.

잠시도 쉬지 않고 항해하고 있는 우리네 인생의 여로는 파상한폭포로 가는 길처럼 위로 받으며 돌아올 수 있는 기회가 주어지는 것도 아니다. 그것을 모르지 않으면서 왜 하필이면 진리의 역류에 배를 띄우고 저마다 인생이 고해苦海라고 입버릇처럼 되뇌이고 있는 걸까. 공자께서 인생 칠십에 이르러 얻었다는 종심소욕불유구從心所慾不踰矩의 자유를 우리는 어느 계곡에서 찾아야 한단 말인가.

비록 짧은 순간이었지만 파상한폭포의 계곡을 내려올 때, 미끄러지듯 달리는 카누 안에서 맛보던 그 무애無碍의 경이로움을 잊을 수가 없다.

미완未完의 나그네

땅에는 본시 길이 없었다. 하물며 사막 위에랴.

유럽인과 아시아인이 동서를 왕래하던 지구 위의 1번도로 비단길. 꿈에도 그리던 실크로드를 밟게 되었다.

중국의 서안을 출발하여 다크라마칸 사막을 거쳐 로마까지 다녀오는 데 18년이 걸렸다면 그 길은 나그네가 고향을 떠나 잠시 나선 여로가 아니었다. 대상들이 달을 거듭하고 해를 거듭하며 낙타 등에서 세월을, 아니 인생을 보내던 고난의 이 길 위엔 어찌 비단과 보석만 실려서 오고 갔을까. 화약도 마약도 오갔으련만 고달팠던 대상들의 삶을 이름으로나마 위로해 주려고 훗날 사가史家들은 이렇게 예쁜 이름을 지었나보다. 더구나 인간의 수명이 지금보다 훨씬 짧던 시절, 사막의 혹독한 악천후에 자신의 삶을 통째로 맡겨버린 긴 고행은 결코 비단의 이미지는 아니었으리. 기나긴 세월 동안 사막을 걸으면서 그들은 길 위의 나그네가 아니라 인생이 나그네임을 터득하는 현자가 되었을 것이다.

사막을 달리는 버스의 차창 밖엔 끝없이 펼쳐지는 지구의 표면만 있고 낙타의 발자국도 역사도 보이지 않았다. 오아시스의 도시 투루판 창공에선 난데없이 뻐꾸기 울음소리가 청량하다. 내가 지금 정녕 사막의 길 위에 있는 건지 헷갈렸지만, 낭랑한 생명의 소리 덕분에 비로소 역사를 찾아 헤매던 몽유병에서 깨어날 수 있었다.

오롯한 실크로드의 역사와 만남이 이루어진 것은 옥문관玉門關 앞에서였다. 돈황의 막고굴을 답사하기 전 우리는 먼저 옥문관을 찾았다. 돈황에서 서북 쪽으로 90킬로미터 떨어진 사막 벌판에 덩그마니 버려진 흙벽돌 건물의 잔해 옥문관. 한漢나라 시대 서역으로 가던 중국의 땅끝이었다. 물품의 교역을 위한 세관이요 국경을 넘나들던 출입국 관리소였다. 교역물품 중에는 옥이 가장 많아서 옥문관이라는 이름을 얻었다는데 실크로드 위의 옥문관, 이름에서 느끼던 낭만은 그곳에 없었다.

옥문관의 잔해 옆에는 한 나라 때 쌓았다는 장성長城의 유적이 역력했다. 만리장성의 서쪽 끝은 가욕관이 아니라 이곳 옥문관의 한장성까지 이어지므로 정확히 만이천 리 장성이라고 했다. 복원된 가욕관의 위용에 비하면 옥문관은 오늘날 초라하기 그지없는 흙더미인 채로 버려져 있다. 로마광장에 앙상하게 남은 대리석 돌기둥들보다 옥문관의 흙더미가 왜 이리 황량한 걸까. 도시의 유적보다 인적 없는 폐허 위의 잔해들이 언제나 더 안쓰럽긴 하다.

동서남북을 아무리 둘러봐도 하늘과 지평선이 맞닿은 우주뿐이다. 그 옛날 옥문관은 얼마나 활기 넘치는 관문이었을까. 사방에서 모여든 이방의 대상들로 시끌벅쩍지근했을 광장의 모습을 상상해 낼 수 없다. 그 화려했던 땅 위에 쥐죽은 듯 고요한 정적만 깔려있다. 사막을 내리쬐는 이글거리는 태양도 슬픔이 될 수 있다는 걸 처음 알았다. 하늘과 땅 사이 우주공간에 관광객이라곤 우리 일행뿐이었다. 삼삼오오 유적지를 걸으며 나누는 대화도 나지막하기 이를 데 없다. 우리 모두는 침묵하는 사막을 닮아가고 있었다. 옥문관 옆 장성의 잔해 옆에서 만난 뜻밖의 역사를 만나면서 더욱 그랬다.

한나라의 무제武帝는 이 서역의 변방에 한사군을 설치하고 국경을 지켰다. 봉화불의 땔감으로는 사막에서도 자랄 수 있는 키 작은 홍유나무가 있었다. 병사들은 날이면 날마다 한 줌씩 홍유나무를 긁어모았을 것이다. 한치 앞을 모른다는 인간의 삶이 전선戰線에서처럼 엄혹한 곳이 또 있을까. 어느 날 졸지에 흉노족의 침략을 받은 한나라 병사들은 혼비백산 퇴각할 수밖에 없는 긴박한 순간을 맞는다. 내일의 봉화를 위해서 쌓아둔 홍유나무 더미를 뒤로한 채.

봉화의 땔감이 되어 자신의 몸을 태워 없애지 못한 나무더미는 폐허 위에서 홀로 수천 년을 견디는 동안 서서히 굳어져 나무미라가 되었다. 아무것도 부패할 수 없는 사막의 건조한 기후가 빚어낸 이 작품을 사람들은 홍유석石이라고 부른다. 조형造形의 거대한 책장冊張을 연상케 하는 화석의 갈피 속에서, 도주한 패잔병들의 말발굽 소리를 듣는다. 그래도 도주는 살아있는 자만이 할 수 있는 선택이었다. 꼼짝없이 제자리에서 화석이 되어버린 홍유석의 몸통 앞에 서니 우루무치 박물관의 미라가 생각난다. 우루무치는 우리의 이번 사막여행이 시작된 곳이다.

신강성의 성도省都 우루무치에는 규모는 작지만 국립박물관이 있다. 광활한 다크라마칸 사막 곳곳에서 발굴된 미라들이 그득했다. 마치 미라전시장 같은 박물관이었다. 그 주검들은 이집트의 파라오들이 아니었다. 육체의 영생을 소망해 본 적이 없는 평범한 주검들이다. 이승을 떠나 저승으로 옮겨가는 자연의 순환에 조금도 저항하지 않은 보통사람들이었다. 다만 사막의 토질과 건조한 기후 때문에 자연으로 돌아가지 못한 육신들이다. 꽤나 거구인 어느 남자 주검의 배 위에는 손바닥만 한 배냇저고리가 앙증맞게 놓여 있었다. 자연 중의 자연인 인간의 육체가 썩지 못하는 사막이라면 무명옷의 배냇저고리인들 썩을 수 있겠는가. 배냇저고리를 몸에 지닌 채, 태어난 곳으로 되돌아가고 싶던 주검들의 간절한 소망을 사막은 거부하고 말았다.

망자들은 자신의 주검을 흙이 받아들여서 너그럽게 감싸 흔적 없게 해주기를 얼마나 바랐을까. 그들의 얼굴 표정을 보면서 나는 더욱 그런 생각을 했다. 표정이 미라마다 다르다. 그들은 죽은 것이 아니라 이승을 떠나던 마지막 순간을 지금껏 살아오고 있는 미완의 나그네들이었다. 꽤 유명한 장수將帥도 있었고 이름 없는 아낙도 있었다. 장군의 얼굴보다는 오히려 아낙의 얼굴에서 두려움 없는 평화를 보았고 장수의 얼굴 앞에서는 무서운 생각이 들었다. 미라가 무서워서가 아니라 내가 미라가 되었을 때를 상상하니 겁이 났다. 마음을 갈고 닦는 것도, 표정을 관리하는 것도 숨 거두기 전의 일이다. 누구나 자신의 완성되지 않은 마지막 모습을 아무에게도 보이고 싶지 않지만 그것을 감출 수 있는 사람도 없다.

이튿날의 일정은 드디어 이번 여행의 정점인 돈황의 막고굴이다. 사막의 모래 더미 속에 수백 년 동안 묻혀 있었다는 돈황의 막고굴은 대체 어떻게 생긴 땅일까 궁금했었다. 떠나오기 전 상상했던 모래 속의 동굴들이 아니다.

명사산 끝자락에 벌집처럼 파놓은 이 숱한 막고굴이 없었다면 실크로드는 그리 대단한 길도 아닐 터다. 굴속에 새겨 넣고 그려놓은 수많은 부처 앞에 선다. 부처를 닮고 싶어 혼신을 불사르던 구도자들의 발심發心이 작은 굴속마다 팽팽하게 차오른다.

우루무치 박물관에서 보았던 미라들이 또 생각났다. 사람의 마지막 모습은 마지막 한순간에 지어내는 표정이 아니었다.

굴 밖으로 나오는데 눈부신 햇빛에 내 영혼이 하얗게 주눅듦을 느꼈다.

부활을 위한 마지막 준비

아무때고 러시아 문학에 한번 푹 빠져본 뒤, 러시아 문학기행에 나서리라 마음먹었었는데 뜻밖에 여행의 인연이 빨리 찾아오니 마음이 달라진다. 명품을 볼 줄 모른다고 손에 들어온 명품을 마다할 사람이 있을까.

모스크바에서 남쪽으로 3시간쯤 달리니 조그만 시골도시 툴라가 나온다. 도시의 외곽으로 빠지자 이내 자작나무 울창한 농장 앞에 차가 멈춰 선다. 야스나야 폴라냐의 톨스토이 농장이다. 사진으로 보았던 농장 입구의 양쪽 기둥이 꽤 낯익은데도 갑자기 전설의 땅을 밟은 듯 천지가 낯설다. 작가 톨스토이와 나 사이의 아득히 먼 거리 때문일 것이다. 농장 안으로 들어가니 그가 살던 집도 있고, 그가 영면하고 있는 유택도 있다.

두 살 때 어머니를 여의고 아홉 살 때 아버지를 잃으면서 고

아가 된 톨스토이는 숙모에게서 양육되다가 숙모마저 타계하자 다시 고모에게로 넘겨졌다니 그의 청소년 시절이 얼마나 암울했을지 짐작할 수 있다. 톨스토이는 자신의 전기작가 비류꼬푸에게 이런 유언도 남겼다.

"나는 젊었을 때 무척 방탕한 생활을 했는데 특히 두 가지 사건이 지금도 내 마음에 걸리네. 자네는 나의 전기를 쓸 때 그 사건들을 꼭 넣어야 하네. 그 하나는 내가 결혼 전에 우리 집 소작인의 여자와 관계를 가진 일인데 이미 단편 〈악마〉에서 어느 정도 암시를 했네. 그리고 또 하나는 숙모님 댁에 있던 가샤라는 하녀를 건드린 죄일세. 그녀는 순결한 처녀였는데 내가 유혹했기 때문에 숙모님에게 쫓겨나서 몸을 망쳐버리고 말았네."

굳이 전기작가의 기록이 아니더라도 톨스토이의 마지막 장편소설 《부활》에 나오는 카추샤와 네퓨르도프가 어떻게 해서 태어나게 된 작중인물인지 아는 사람은 안다. 《부활》을 쓸 때 이미 톨스토이의 나이 72세였다. 언제 이승을 떠날지 알 수 없는 나이였으니 《부활》은 소설이기 이전에 톨스토이의 결연한 참회록인 셈이다. 프랑스의 문호 로망롤랑이 《부활》을 가리켜 '톨스토이의 유언서' 라고 말한 것처럼.

온통 기독교 성경의 인용문으로 가득차 있는 《부활》의 마지막 장면은 흔히들 말하듯 작품의 문학성에 오히려 흠이 될 수도 있다. 그러나 톨스토이에겐 문학보다, 사상보다 어쩌면 종교 자체보다 더 사무치게 절박한 것이 있지 않았을까. 바로 기독교적 삶의 실천이었을 것이다. 야스나야 폴랴나의 농장 한 모퉁이 자작나무 숲에, 안내자의 설명이 없다면 그것이 무덤이란 것조차 알 수 없을 만큼 애련한 톨스토이의 유택 앞에서 그런 생각이 들었다.

무덤이 시야에 들어오는 순간 표현하기 어렵게 마음이 가라앉는다. 고인의 얼굴을 조각해 넣는 서양식의 돌비석은 물론이고, 하다못해 망자의 이름이라도 적어 넣은 손바닥만 한 돌 하나도 없다. 관 모양을 딴 작디작은 잔디틀이 무덤의 전부였다. 고인이 자신의 무덤에 허락한 것은 오로지 관 모서리에 꽂혀 있는 꽃 한 송이뿐이었다. 수없는 관광객이 줄을 잇지만 그 무덤 앞에서만은 구경꾼들이 아니다. 눈으로 읽을 비문이 없으니 조용히 눈을 감는다. 세계에서 모여든 많은 참배객들의 침묵이 그 작은 무덤 위에 채곡채곡 쌓이고 있었다. 참배객들 중엔 역사 속에 이름을 남기기 위해서 이미 자신의 화려한 비문을 준비 중인 사람도 있었을 것이다. 정녕 한 인간을, 한 인간의 생애를 몇 줄의 비문에 담아 낼 수 있는 언어가 있긴 있는 걸까.

농장 안에 보존되어 있는 하얀 이층 목조건물은 톨스토이가 수많은 걸작품들을 쏟아 낸 문학의 산실이었다. 대문호가 생애의 대부분을 살았다는 이 고택은 지금은 박물관으로 꾸며져 있지만 옹색하기 그지없는 공간이다. 이층으로 오르는 좁은 계단에는 조상 때부터 사용했다는 육중한 벽시계가 270년 동안 잠시도 쉬지 않고 달리고 있다. 세월의 흐름을 감안하더라도 그가 쓰던 침대나 그가 입던 옷은 너무 소박하다. 당시 그의 작품들은 이미 국제적으로 명성을 얻은 터라 작품에 대한 원고료나 인세가 대단히 높았다고 한다. 훨씬 더 안락한 의식주를 누릴 수 있었겠지만 그의 삶은 수도자처럼 검약했던 것 같다.

그의 나이 60이 되기 전에 이미 자신의 모든 사유재산을 포기하려 하자 16세 연하인 부인 소피야와 의견대립이 생겼고 그로 인해서 결국 자신의 모든 저작권을 아내에게 양도하게 된다. 자신의 사상과 자신의 실천적 삶 사이에서 오랜 세월 고뇌하던 그는 몇 차례 가출을 시도했으나 뜻을 이루지 못했다. 마침내 그의 나이 82세이던 1910년 10월 28일 새벽 아내에게 마지막 글을 남기고 주치의와 함께 집을 나선다. 그러나 집 나간지 사흘 만에 병을 얻어 조그만 시골 역 아스따보브의 역장 관사에서 11월 7일 영면한다. 결국 가출한 지 열흘을 넘기지 못하고 다시 집으로 돌아온 그의 주검은 자신의 평상시 유언대로 농장의 자작나무 아래에서 이렇듯 왜소하게 누워있는 것이다. 높디높은 자작나무 아래라서 그런지 그의 무덤은 더욱 낮아 보였다. 신 앞에 자신을 낮추고 낮추던 고인은 소망을 이룬 것이다.

세기적 대문호는 왜 그토록 높은 자작나무 밑에 그토록 낮게 눕기를 원했을까. 사람은 누구나 지은 죄를 남김없이 소리 내어 고백한 후 천사의 몸으로 이승을 떠날 수는 없다. 톨스토이도 자신의 전기 작가에게 마저 털어놓을 수 없는 침묵의 고백들을 가슴에 안은 채 이승을 떠났는지 누가 알겠는가. 인간의 부활은 무덤에서 살아나오는 기적이 아니라, 무덤 속에서 끊임없이 참회하며 용서받는 은총 이외에 다른 것이 아니리라. 문호 톨스토이도 그 소망을 간직한 채 영원 속으로 떠났다면 지금도 그의 책 《부활》 쓰기는 계속되고 있을 것이다. 그가 원하던 왜소한 무덤은 그의 부활에 꼭 필요한, 이승에서의 마지막 준비였을지 모른다. 어찌 감히 살아있는 사람 마음대로 죽은 사람의 무덤가를 어지럽힐 수 있겠는가.

영국이 인도와도 바꾸지 않겠다던 셰익스피어지만 전문가에게라면 모를까, 보통 사람들에겐 셰익스피어주의라는 말은 낯설다. 괴테를 가리켜 '한 사람의 작가가 아니라 하나의 세계' 라고 말들 한다. 독일국민이 아니 온 인류가 이토록 자랑스러워하는 괴테지만 괴테주의란 말은 별로 들어 본 적이 없다. '톨스토이즘' 이라는 용어가 러시아 문학 속에서 태어나게 된 까닭을 나는 이번 러시아 문학기행에서 조금은 짐작할 수 있을 것 같았다.

연보

1939	서울 동대문구 제기동에서 출생.
1946	서울대학교 사범대학 부속국민학교 입학.
1950	5학년 때 6·25 동란을 맞아 충청북도 청원군 미원면으로 피란.
1952	충청북도 청주 시내로 이주, 주성국민학교 6학년 편입.
1953	청주사범 병설중학교 입학.
1956	숙명여자고등학교 입학.
1959	고려대학교 법과대학 법학과 입학.
1963	고려대학교 법과대학 법학과 대학원 입학.
1964	심재우와 결혼.
1965	고려대학교 법과대학 대학원에서 법학석사 마침.
1967-1972	독일 마아부르크 대학교 독어독문과에서 현대 독일어 전공.
1973	귀국.
1983	한국외국어대학교 독일어과 대학원 입학.
1985	한국외국어대학교 독일어과 대학원에서 문학석사 마침.
1986-2003	고려대, 경희대, 한국외국어대, 서울여자대학교 등에서 교양독일어 강의.

1992-2000 한국번역가협회 번역능력인정시험 출제위원.
1994 《한글문학》 수필부문 신인상.
1995 중국 베이징에서 열린 '아시아 번역가대회' 에서 주제발표 – 제목 〈언어의 정신형성력〉.
1996-현재 한국번역가협회 이사, 자문위원.
2002 수필 창작집 《이판사판(理判事判)》 출간(세손출판사).
2004-2008 《에세이문학》 편집위원, 기획위원.
2005-현재 한국가정교육학회 부회장.
2006 숙명여자고등학교 개교 100주년 100인의 '자랑스런 숙명인' 상 수상.
한국가정교육학회와 일본가정교육학회가 공동으로 주최한 제1회 한일공동 심포지엄에서 주제발표 – 제목 〈어머니의 위기〉.
2006-2008 한국수필문학진흥회 상임이사.
2007 한국가정교육학회와 경기문화재단이 공동주최한 심포지엄에서 주제발표 – 제목 〈2세대가정과 3세대가정의 비교고찰〉.
수필 창작집 《자유의 두 얼굴》 출간(청조사).
2008 제26회 현대수필문학상 수상.
일역판 한국여류수필선(맹난자, 홍혜랑, 민명자 공저) (동경문예관) 출간.
수필문우회, 한국비평문학회, 국제펜클럽 회원.

현대수필가 100인선 · 52
홍혜랑 수필선
문명인의 부적符籍

초판인쇄 | 2009년 4월 24일
초판발행 | 2009년 4월 29일

지 은 이 | 홍 혜 랑
펴 낸 이 | 서 정 환
펴 낸 곳 | 좋은수필사

주 소 | 서울시 종로구 익선동 30-6
운현신화타워 빌딩 3층 305호
전 화 | (02)3675-5635, (063)275-4000
등 록 | 1984년 8월 17일 제28호
홈페이지 | http://www.shin-a. co. kr
e-mail | essay321@hanmail.net

값 7,000원

ISBN 978-89-5925-321-0 04810
ISBN 978-89-5925-247-3 (전100권)